G. A. Bondarew

Die Ereignisse in der Ukraine
und ein mögliches Szenario der Zukunft
3. Teil

Gennadij Bondarew

Die Ereignisse in der Ukraine und ein mögliches Szenario der Zukunft

3. Teil

Essays

Basel
2016

Übersetzt aus dem Russischen von Jeremias Fürst

Bilder auf dem Umschlag:
Auf der Vorderseite „Sintflut" von I.K. Ajwasowski
Auf der Rückseite „Kriegsvolk liegt geschlagen" von V. M. Wasnetzow

Bibliografische Information der Deutschen Nationalbibliothek:
Die Deutsche Nationalbibliothek verzeichnet diese Publikation
in der Deutschen Nationalbibliografie; detaillierte bibliografische Daten sind im Internet über http://dnb.dnb.de abrufbar.

Herstellung und Verlag:
BoD – Books on Demand, Norderstedt

ISBN: 978-3-8370-5894-9

Inhalt

„Manche schlimme Kulturerscheinung, die heute als natürlich erscheint, wird erst dann für die Menschen erklärlich werden, wenn sie wissen, mit welchen störenden, retardierenden Kräften sie es zu tun haben. Die Wirkungen werden sich ausleben in manchen Dekadenzerscheinungen in unserer Kultur. Nur weil das durchaus gesehen wird von denen, die die Zeichen der Zeit zu deuten wissen, ist unsere anthroposophische Bewegung entstanden, weil nur die Erkenntnis in der Welt gesundend wirkt. Derjenige, welcher ohne Erkenntnis in der Welt steht, muss diese Dinge auf sich wirken lassen und macht sich oft allerlei phantastische Vorstellungen von ihnen. [...]
Man wird in nächster Zeit mancherlei grässliche Kulturerscheinung erleben können; und auch erleben, dass die, welche sich nicht zurechtfinden können, dann diejenigen Träumer und Phantasten nennen, die solche Kulturerscheinungen richtig benennen. Immer mehr und mehr wird die Welt das Gepräge annehmen, dass man diejenigen, welche die geistige, die wahre Wirklichkeit kennen, Träumer und Phantasten nennt, während die wahren Träumer und Phantasten die sind, die die geistige Wirklichkeit für Narretei erklären. Der wahre Fortschritt unserer Kultur liegt aber darin, dass der Mensch das, was feindliche Gewalten sind, durchdringt mit Erkenntnis. Und Erkenntnis ist das, was aus der anthroposophischen Geistesströmung den Spruch bewahrheitet, den auch der Führer des christlichen Lebens den Seinigen zugerufen hat: ‚Ihr werdet die Wahrheit erkennen, und die Wahrheit wird euch frei machen!‘ Aber nur eine Wahrheit, die auch die volle und wahre Wirklichkeit umfasst, kann eine solche sein, die auch den Menschen voll und ganz frei machen wird.“

„Man muss einfach mit dem Fortschritt gehen; es gibt einen gewissen Standpunkt des Bewusstseins, vermöge dessen wir nicht stehenbleiben können. Auch wenn wir in einen Abgrund hineinstürzen würden, müssten wir mit dem Fortgang des Menschengeschlechtes gehen; dann müssten wir eben einfach die Möglichkeit suchen, jenseits des Abgrundes wiederum weiterzukommen.“

Rudolf Steiner

I. Der Migrations-„Tsunami"

Der eine oder andere Leser unserer beiden ersten Broschüren wird jetzt im Zusammenhang mit dem, was sich in Europa seit einem halben Jahr abspielt, womöglich fragen: Macht der gigantische Migrations-„Tsunami", der so unerwartet über Europa hereingebrochen ist, den Inhalt dieser Broschüren denn nicht hinfällig? Nein; wir sind der Ansicht, dass er ihn keineswegs hinfällig macht. Ganz im Gegenteil: Wenn man die dort kurz umrissenen Prinzipien der Methodologie anwendet, kann man auch die Bedeutung dieses „Tsunami" erfassen; man wird dann erkennen, dass sich dieser vollumfänglich in das Panorama einfügt, das die sozialpolitischen Verhältnisse auf der Welt nicht erst in den letzten Jahren, sondern schon seit vielen Jahrzehnten bieten.

Es lässt sich freilich nicht leugnen, dass der jähe Einfall (eine regelrechte Invasion) von fast anderthalb Millionen Afrikanern und Asiaten in Europa für sehr viele Politologen und Journalisten vollkommen unerwartet kam und sie bis heute keine Erklärung dafür finden können.

Nun ja, die Politiker und die exoterische Tagespresse reden uns ein, dass die „unglücklichen Flüchtlinge" vor dem mörderischen Krieg in Syrien fliehen (der laut den letzten Erklärungen angeblich durch den Kampf Russlands gegen den IS noch blutiger geworden sein soll), und dass es die Pflicht der Europäer ist, ihnen gegenüber Mitleid zu zeigen. Äusserlich klingt das zwar sehr schön, doch leider hat es herzlich wenig mit der Wirklichkeit gemein. Wir verzichten darauf, das zu beweisen, denn sonst übermannt uns womöglich der Zorn.

In Europa häufen sich Berichte darüber, dass gewisse Leute in den Herkunftsländern der Migranten auf Kosten der Soros-Stiftung hergestellte Flugblätter verteilen, in denen die

Einheimischen dazu aufgefordert werden, nach Europa zu ziehen – direkt zu „Mutti Merkel", wo jeder ein Haus und ein Auto bekommt. Soros selbst hat Frau Merkel allerdings beim Davoser Forum 2016 die Leviten gelesen, weil sie durch die uferlose Aufnahme von Migranten in Europa ein Chaos sowie die Gefahr eines Zerfalls der EU heraufbeschwört. Dies zeigt jedoch nur, wie es um die Moral von Politikern bestellt ist. Die Nachrichtenagentur REGNUM schreibt: „Amerikanische Organisationen (wie The Ayn Rand Institute *oder* Rise Up) laden sämtliche potentiellen Migranten unverblümt nach Europa ein, wobei sie ihnen alle möglichen Vergünstigungen versprechen. Sie bezahlen den Flüchtlingen die Reise und verlangen von ihnen dafür einen Schuldschein, mit dem sie sich verpflichten, die Kosten zurückzuzahlen…"

Des weiteren erschienen in der Presse Meldungen darüber, dass in Syrien spezielle kriminelle Gruppierungen ihr Unwesen treiben, die jedem beliebigen Interessenten einen syrischen Pass ausstellen und ihn mit einem Bündel von Beweisen dafür versorgen, dass er vor den Schrecken des Krieges oder vor politischer Verfolgung flieht.

Allerdings wurde all dies schon bald vollkommen überflüssig, weil unzählige Migranten es auch ohne jede Dokumente ins „gelobte Land" schaffen. Sie kommen aus Eritrea, wo sie keinen Militärdienst leisten wollen, aus Libyen, aus Namibia, aus Afghanistan, aus dem Iran und allen erdenklichen anderen Ländern.

Was an dieser ganzen Geschichte jedoch am meisten verblüfft, ist das Verhalten der Politiker. Wenn man nach einem Wort sucht, mit denen man es definieren kann, dann lautet dieses Wort ***„Irrationalität"***. Hört man sich ihre Erklärungen an, so kann man sich des Eindrucks nicht erwehren, dass das ganze politische Establishment des Westens über Nacht verrückt geworden ist und an krankhaften Bewusstseinsstörungen leidet. Doch da von Wahnsinn in eng medizinischem Sinn bei diesen Leuten keine Rede sein kann, stellt sich die kardinale Frage: *Was hat das alles zu bedeuten?*

Untermauern wir das eben Gesagte mit einigen Beispielen (und es gibt deren Hunderte). Noch während der ersten „Tsunami"-Wellen versammelten sich in Deutschland Vertreter verschiedener Parteien und fragten Merkel: „Wie hoch wird die Obergrenze für Migranten sein?" Frau Merkel schürzte die Lippen und antwortete: „Das werde ich nicht sagen!" Hier fragen wir uns: Wo und wann, in welchem Land – nicht nur in einem demokratischen, sondern auch einem diktatorisch regierten – ist so etwas möglich? Welcher Präsident, welcher „Führer" würde es wagen, so auf eine Frage zu antworten, welche die nackte Existenz seines Landes betrifft? Und was taten jene, die diese Frage gestellt hatten? Sie schwiegen!

Jetzt sagt Merkel, wenn der Krieg in Syrien zu Ende und der IS besiegt sei, würden alle Migranten nach Hause zurückkehren. Unter den obwaltenden Umständen kann eigentlich nur ein infantiler, psychisch kranker Mensch so etwas von sich geben. Aber Merkel ist psychisch gesund. So fragt man sich abermals: *Was hat das alles zu bedeuten?*

Bald schreiben die Zeitungen, mit den Migranten seien bis zu 4.000 islamischen Terroristen nach Europa eingesickert, bald heisst es, nach den Unterlagen der Geheimdienste seien *vier* Terroristen nach Europa eingedrungen. Die Grenzwächter erklären allerdings, dass es ihnen nicht gelingt, mehr als ein Zehntel der Neuankömmlinge zu überprüfen, und dass sie es nicht fertigbringen, die anderen auch nur nach ihren Namen zu fragen. Im Prinzip bedeutet dies: Wenn der ganze IS nach Europa übersiedeln wollte (und solche Pläne werden dort schon erörtert), so könnte er dies innerhalb einer einzigen Woche ungehindert tun.

Dies ist schon sehr vielen klar, aber die Politiker argumentieren wiederum infantil: Die Terroristen können doch nicht zusammen mit den Migranten gehen, denn die flüchten ja vor den Terroristen! Und so weiter.

Deshalb meinen wir, dass man in ganz Europa, und insbesondere in Deutschland, von den herrschenden Kreisen überall beharrlich eine Antwort auf ein und dieselbe Frage verlangen sollte: „**Antwortet uns, was hat das alles zu bedeuten?** Hört auf, uns ein X für ein U vormachen zu wollen!" – Doch dies geschieht aus irgendwelchen Gründen nicht. Immerhin melden sich ab und zu Stimmen der Vernunft zu Wort. Beispielsweise sagte ein Polizeibeamter nach der Kölner „Bartholomäusnacht", als die Polizei mehr als tausend Anzeigen von Frauen erhielt, die in der Silvesternacht zu Opfern sexueller Gewalt seitens von Migranten geworden waren, dies sei ein *organisiertes Verbrechen von noch nie dagewesenem Ausmass gewesen.*

* * *

All dies ist ganz offenkundig, aber dennoch wird man uns mit Sicherheit der „Stimmungsmache" zeihen. Deshalb wollen wir auch die Ansichten anderer Menschen zitieren, welche die Situation ähnlich sehen wie wir. Hier ein Artikel, der am 21. Januar in einer Moskauer Zeitung („Das Schlechte sieht man aus der Entfernung", wie der russische Dichter Alexander Blok sagte) erschien:

„Europa ist von Panik ergriffen. In Europa herrscht nacktes Entsetzen. Europa stöhnt. Migranten und Kriegsflüchtlinge aus Nordafrika, die noch vor kurzem das Meer auf morschen Kähnen überquerten, vor der Küste Schiffbruch erlitten und, nachdem sie ans Ufer gekrochen waren, die Europäer flehentlich um ein Stück Brot baten, stürmen jetzt die Grenzen, reissen den Stacheldraht nieder und werfen Feuerwerkskörper auf die Polizei.

Und am Silvesterabend führten sie in Deutschland regelrechte Pogrome durch – eine Treibjagd auf Mädchen, auf junge

Frauen. Sie begrapschten sie, rissen ihnen die Kleider vom Leib, vergewaltigten sie. ‚Was geht da vor?‘ fragen die Moralisten Europas. ‚Wie können diese Menschen, denen wir Europäer so viel gegeben haben, sich dermassen undankbar zeigen? Wie ist es möglich, dass sie unsere Barmherzigkeit, unsere Toleranz nicht schätzen?‘

Diese Geisterseher und Moralisten verstehen den Psychotyp jener Menschen nicht, die aus Nordafrika [und aus Asien; G.B.] nach Europa gekommen sind. Sie sind vor europäischen Bomben und Raketen, vor europäischen Granaten geflohen. Sie sind aus ihren brennenden Häusern geflüchtet, aus ihren zerbombten Heiligtümern, aus Strassen, auf denen unbestattete Leichen herumliegen. Und sie sind nicht nach Europa gekommen, um dort ein Stück Brot und Arbeit zu erhalten. Sie sind dem Tod entronnen und brennend vor Rachgier hierher gekommen. Sie sehen in den Europäern Feinde, die an ihrer Katastrophe schuld sind, an ihrem Elend, und sie betrachten sie als Zerstörer ihrer Zivilisation, ihrer arabischen muslimischen Gesellschaftsordnung.

Wie reagiert das europäische gesellschaftliche Bewusstsein darauf? Die Linken, die Liberalen, zu denen auch Frau Merkel gehört, verlangen noch mehr Toleranz und Duldsamkeit, eine Erhöhung der europäischen und deutschen Aufnahmequoten für [nichteuropäische; G.B.] Ausländer. Sie glauben, Europa werde sie menschlicher und ihre Herzen friedlicher machen. Und man kann sich des Gefühls nicht erwehren, dass Europa, dass das grosse Deutschland ihre Vergangenheit vergessen haben. Die europäischen Länder haben ihren Überlebenswillen, ihren Willen zum Widerstand verloren; sie haben vergessen, welch grossartige Staaten sie geschaffen haben, sie haben die grosse europäische Kultur vergessen. Deutschland hat den Kölner Dom vergessen, Dürer; es hat die gotischen Kathedralen vergessen, die bis zum Himmel ragen. Es hat seine grossen Komponisten vergessen – Bach, Beethoven, Wagner, desgleichen seine genialen Philosophen – Hegel, Schopenhauer, Kant, Nietzsche. Es ist zu einer amorphen Masse von Kastraten geworden und ist bereit, seine Tore auch weiterhin einer gigantischen Horde von Menschen zu öffnen, die Europa und Deutschland hassen. In diesem Fall ist das Schicksal Europas, das Schicksal Deutschlands betrüblich. Sein flaches Gebiet überschwemmt die glühend heisse Lava des nordafrikanischen Hasses.

Vor dem Hintergrund der ständigen Exzesse erwachen die Nationalisten. Sie gehen in immer grösseren Scharen auf die Strasse, sind zusehends besser organisiert und zahlenmässig bereits stärker als die Scharen der Linken, der Antifaschisten, der Humanitätsapostel, die multikulturelle Toleranz predigen. Heute erscheinen an der Spitze dieser Massen Anführer. Morgen werden sich politische Führer zu Wort melden und übermorgen geistige Führer, die an das grosse Deutschland, an die deutschen Staatsmänner erinnern werden. Sie werden Versailles, Nürnberger und alles verwünschen, was nach 1945 war. Und unter diesen Umständen erscheint der Gedanke bereits nicht mehr utopisch […], dass die liberale, tolerante Europäische Union aufhören wird zu existieren. […]

Was wird aus Europa werden? Wie wird sich die europäische Geschichte in den nächsten Jahrzehnten entwickeln? Ist Europa denn tatsächlich eine sieche, hilflose Jungfer, die man auf den Widerrist eines wilden Stiers gesetzt hat, der sie auf azurblauen Wellen über das Meer ins Ungewisse führt? Ist es mir dem alten Europa also aus? Leb wohl, Europa? Oder wird diese Jungfer erwachen, von dem feisten Widerrist des Stiers herunterspringen und aus dem Schaum der azurblauen Wogen wiedergeboren werden, wie die wunderschöne Aphrodite? Russland beobachtet das heutige Europa unverwandt und mit wachem Blick“.

Mit diesem „Blick aus Moskau“ – um es so auszudrücken – stimmt im wesentlichen auch ein „Blick aus der Schweiz“ überein. Der schweizerische Armeechef André Blattmann hat im *Blick am Abend* – der zwar ein Boulevardblatt, aber zugleich die meistgelesene Zeitung des Landes ist, da er gratis verteilt wird – folgendes festgehalten: „Es kommt der Eindruck auf, dass die 25-jährige Friedensphase vorbei sein könnte. Grenzen von Staaten verschwinden und Migrationsströme entstehen. Terroranschläge schockieren, ein Kampfflugzeug wird abgeschossen. Das ist die heutige Realität. Sie kommt nun auch bei uns an. Der Hauptbahnhof Bern wurde letzte Woche abgeriegelt. Wegen Bombenverdachts. Die Berner Polizei löste das Problem rechtzeitig. Noch immer wollen viele Leute die Wolken am Horizont nicht wahrhaben. Schwarzmalerei gehört nicht zu meinen Aufgaben. Dafür aber, auf Risiken aufmerksam zu machen und die Armee bereit zu halten. Noch ist die Armee nicht im Einsatz. Die ehrliche Beurteilung des Präsidenten der kantonalen Polizeikommandanten in einem NZZ-Artikel ist aber schonungslos: ‚Keine Polizei der Schweiz hat genügend Personal.‘ Unsere Sicherheitsreserve ist die Armee. In unsere Miliz habe ich ein grosses Vertrauen, die Ausbildung ist ernsthaft und umfassend. Alle sind froh, wenn ihr Knowhow gar nicht benötigt wird. […] Ich wünsche uns allen eine ruhige und sichere Adventszeit.“ (1. Dezember 2015).

Dies war eine Stimme des gesunden Menschenverstandes, die Stimme der Vernunft. Doch ein ehemaliger schweizerischer Verteidigungsminister äusserte sich anschliessend wie folgt: „Eine Verstärkung der Kontrolle unserer Grenzen ist nicht zweckmässig“. (!)

* * *

Es lohnt sich auch, darauf hinzuweisen, dass die in gigantischen Wellen erfolgende Migration (auch im Winter – im Dezember und Januar – kamen täglich bis zu 3.000 Menschen aus Afrika und der Türkei) nicht nur von den Linken (den Sozialisten, den „Grünen") unterstützt wird, *sondern auch von den Rechten* (Moderaten, Konservativen). Hier genügt der Hinweis darauf, dass sie auch den Segen des Papstes erhielt, der sämtliche Kirchengemeinden anwies, Flüchtlingen Obdach zu gewähren. (Äusserlich gesehen ist dies tatsächlich ein christlicher Akt.) Selbst der oben zitierte frühere Verteidigungsminister ist Mitglied der Schweizerischen Volkspartei (SVP), die von den Linken als reaktionär, wenn nicht gar neonazistisch geschmäht wird. Auch Frau Merkel gehört streng genommen der Rechten an. Christliche Parteien können schliesslich unter keinen Umständen sozialistisch sein; sie können auch nicht zentristisch sein, sondern allenfalls rechtszentristisch. Ihr politisches Spektrum ist der Konservatismus.* Hinter ihnen stehen ja die katholische und die protestantische Kirche – Musterbeispiele für Konservatismus. Unter diesen Umständen kann Merkel *per definitionem* keine Linke sein.

Alles in allem ist unverständlich, weshalb sich die Rechten so benehmen, während die Migranten ihre revolutionären Tendenzen nicht verbergen. In ihren Losungen findet man jede Menge marxistischer Brandrhetorik: „Jetzt werden wir bei euch die Herrschaft übernehmen!" erklären sie. „Ihr habt lange genug

---

* Dabei distanzieren wir uns kategorisch von der Gewohnheit der Linken, alle, die ihre Ansichten nicht teilen, gleich als "Faschisten" abzustempeln. Dies erinnert fatal an die sowjetischen Bolschewiken, die sämtliche Andersdenkenden als "antisowjetische Elemente" und "Volksfeinde" an den Pranger stellten – mit dem Ergebnis, dass diese sofort all ihrer bürgerlichen Rechte verlustig gingen.

In Deutschland, aber auch überall sonst in Europa, gibt es jede Menge Menschen, die trotz der massiven Gehirnwäsche – "Nie wieder Deutschland!" – die natürliche Liebe zu ihrer Heimat, ihrer Kultur, Sprache, Natur etc. bewahren.

Zu den Sozialisten hingegen möchten wir bemerken, dass uns ihre – heute freilich nur noch bruckstückhafte – Hingabe an die soziale Gerechtigkeit gefällt, ihr Protest gegen jede Gewalt, gegen die Ausbeutung. Überhaupt ist die Welt schon längst vollumfänglich in die Epoche des Sozialismus eingetreten.

über uns geherrscht! Ihr habt euch hier lange genug fettgemästet und seid ganz dem Laster ergeben!" etc. (Und der Papst stimmt in den Chor ein: „Jawohl, wir müssen teilen!"

Europa hat auf Grenzen verzichtet. (Diese bestehen nur noch auf den Flughäfen – ein Paradox, nicht wahr?) Der Migrations-„Tsunami" überflutet Europa, und seine Wellen werden nur noch zunehmen. Aber Merkel wiederholt ihre schamanenhafte Beschwörungsformel: „Wir schaffen das! Wir schaffen das!" Dies tönt ungefähr so, wie die Versprechen der Arbeitskollektive als Antwort auf die "Pläne der Partei und Regierung" in der UdSSR klangen. So tönte es wohl auch in der DDR, aus der Merkel stammt. Man versteht nur nicht recht, wem sie in ihrer gegenwärtigen Eigenschaft dieses feierliche Versprechen abgibt. Eine solche Instanz existiert jedoch mit Sicherheit. Dies erkennt man schon an den Gesichtsausdrücken jener Personen, die „vom Volk gewählt" worden sind.

Aber wie kann man das ohne Limit, ohne „Obergrenze", schaffen, wenn es laut Experten in Asien und Afrika bis zu 15, ja bis zu 60 Millionen potentieller Migranten gibt?

Hier drängt sich unwillkürlich folgendes Bild auf. Stellen wir uns vor irgendwelche Leute vor, die beabsichtigen, einen bestimmten Menschen zu ertränken. Da sie jedoch wissen, dass er stark ist und hartnäckigen Widerstand leisten wird, sagen sie ihm: „Komm, wir führen einen Schwank auf, nehmen ihn auf Video auf und bringen die Menschen damit zum Lachen. Wir verbinden dir jetzt die Augen und tauchen dein Gesicht ins Wasser, und sobald du fühlst, dass das Wasser dir die Atemwege verstopft, beginnst du in vollen Zügen zu trinken, bis du das ganze Wasser ausgetrunken hast; dann fängst du wieder freudig an zu atmen." „Und wie viel Wasser gibt es denn?" fragt er. „Das werden wir dir jetzt nicht sagen", antworten sie. – Und man versteht, warum sie es ihm nicht sagen wollen, denn sie haben die Absicht, ihn in einen See zu werfen. Wenn unser Bild jemandem einfältig vorkommen sollte, dann vergleiche er es bitteschön mit folgendem Ausspruch, den Madame Lagarde in Davos tat: Jenen Ländern, die den „Tsunami" aufnehmen, steht eine Zeit der Blüte bevor, und denjenigen, die ihn nicht aufnehmen, nicht!

Wenn wir die europäischen Politiker beobachten, die jäh von „Bewusstseinsstörungen" befallen worden sind, erhält man ganz den Eindruck, irgendeine Kraft, vergleichbar einem Basilisken, der dreiköpfigen Schlange Gorynytsch aus der slawischen Mythologie, habe sie mit ihrem infernalischen Blick in einen Zustand der Starre versetzt. Sie sind sich voll und ganz bewusst, dass Ungehorsam für sie schlimmer als der Tod wäre. Und diese Kraft befiehlt ihnen: „Legt dem Migrations-Tsunami keinerlei Hindernisse in den Weg!" Dies ist für die Politiker zum kategorischen Imperativ geworden. Um den Basilisken gnädig zu stimmen, rufen sie um die Wette: „Unsere lieben Migranten, unser oberstes Anliegen ist es, euch jeden Wunsch von den Augen abzulesen! Wir sind bereit, alles Mögliche zu tun, damit ihr es bei uns gut habt! Ihr seid uns so teuer wie sonst niemand auf der Welt! Ihr werdet unsere Kultur bereichern! Wir werden jedes beliebige Opfer für euch bringen! Eure Interessen sind uns

Basilisk (Schlange Gorynytsch)

wichtiger als unsere eigenen! Euch zuliebe werden wir selbst die Interessen unserer eigenen Bürger opfern! Wir müssen uns auch darüber Gedanken machen, wie wir eure sexuellen Bedürfnisse befriedigen können." (Zu dieser Frage haben die „Linken" sogar eine Sondersitzung einberufen!)

Von dieser ganzen Demagogie machen politische Nullen ausgiebig Gebrauch und sichern sich damit Publizität; sie schaffen es auf die Titelseiten der Zeitungen und auf die Fernsehbildschirme.

Das einfache Volk weiss bei all dem einfach nicht mehr, wo ihm der Kopf steht. Und das begreift man leicht. Demagogie von solcher Qualität gab es nämlich nicht einmal in der Sowjetunion oder im Dritten Reich. Dort wohnte der Propaganda eine eiserne Logik inne. Dort begründete man die Unwahrheit logisch, historisch, ja sogar gnoseologisch. Und dies erweckte den Wunsch, sie zu widerlegen. Doch heute haben wir es mit Versuchen zu tun, *das Bewusstsein auf den Kopf zu stellen.* Es ist gefährlich, die schauerliche Unlogik, die man uns stündlich in den Nachrichten auftischt, mit dem gesunden Menschenverstand zu berühren. Man kann sich nur allzu leicht daran verbrennen. So macht sich die gesammelte und schon gedanklich verarbeitete Erfahrung der „sozialistischen Experimente" in Russland und anderen Ländern geltend. Doch steckt noch mehr hinter dieser seltsamen Qualität der heutigen Lügen. Zeugt ihr Charakter denn nicht besonders überzeugend davon, dass die Inkarnation Ahrimans auf Erden bevorsteht? Denn Ahriman ist der Geist der Lüge, und zwar nicht in moralischem Sinn. Die Lüge ist gewissermassen die Atmosphäre seiner Welt, mit der er unsere Welt ablehnt. Sie ist seine „Luft", die Substanz seiner Existenz. Und jetzt *erfüllt sie unsere Welt.*

Betrachtet man all dies rein äusserlich, kann man nicht begreifen, was da eigentlich gespielt wird: Entweder machen sich die Rechten über die Linken lustig und halten sich den

Bauch vor Lachen, oder es drückt sich auf diese Weise die beginnende Panik der Linken aus, die Hysterie, in die sie verfallen, weil sie das Herannahen der ihr Haupt neu erhebenden Inquisition vorausahnen in der Situation, wenn die Menschenmassen von ihnen abfallen. – Ja, all dies geschieht ebenfalls, und im allgemeinen entspricht es vollständig dem, was das Leben der Menschen schon seit langem prägt. Doch gerade aus diesem Grunde bemerkt niemand, dass die Lügen, welche die Politiker und die Massenmedien seit sieben oder acht Monaten von sich geben, ausgeprägt *metaphysischen* Charakter tragen und in gewissem Masse jenseits der menschlichen Mentalität liegen. Diese Menschen lügen aus Gewohnheit und merken nicht, dass ihr Bewusstsein hierdurch anomal wird. Und wenn die Herrschenden ein solches Bewusstsein haben, ist es nicht schwer, die ganze Welt in Brand zu setzen.

Hochinteressant ist auch folgendes: Wie nie zuvor wird heutzutage offen, brutal, ja zynisch, aber sehr überzeugend bestätigt, dass die Verschwörungstheoretiker die Wahrheit sagen. Früher liess die dreiköpfige Schlange Gorynytsch, wenn sie ihre Pläne ausführte, ihren Vasallen stets ein Schlupfloch offen – etwas, was es ihnen erlaubte, ihre Rolle zu kaschieren. Heute gibt es kein solches Schlupfloch mehr. Es ist, als hätten sich die Hände, die im Marionettentheater oben die Fäden ziehen, offen gezeigt, ungeniert alle Fäden zu einem einzigen Bündel zusammengebunden und begonnen, an diesem zu zerren. Daher rührt auch die „Bewusstseinsverwirrung". Und darum blickt die Kanzlerin Deutschlands – „das demokratischste Staatsoberhaupt der Welt" – so finster drein, senkt den Kopf und bricht ab und zu beinahe in Geschrei aus. (Beispielsweise in Brüssel, als all ihre „lieben Freunde" – diese Halunken! – ihre Migrationspolitik verurteilten.) Wo gibt es so etwas sonst noch? Können sich beispielsweise Cameron oder Obama so benehmen? Und darum muss man sich wiederum fragen: *„Was hat das alles zu bedeu-*

Während man dieser Frage in Westeuropa ausweicht, versucht man sie in der russischen Presse sogar zu beantworten. In einer Zeitung war beispielsweise folgendes zu lesen: „Das gut geplante und gesteuerte 'Migrationschaos', das sich in Europa vor unseren Augen abspielt, ist nicht bloss eine absichtlich hervorgerufene Invasion, sondern auch eine ungemein wichtige taktische Operation auf dem Weg einer radikalen Umgestaltung Europas, ein Bestandteil des Plans zur Demontage der Nationalstaaten… im Interesse des transnationalen Business, das in die nationalen Strukturen eingebaut ist."

Diese Formulierung ist unserer Meinung nach im grossen Ganzen richtig, stösst aber dennoch nicht bis zum Kern des Problems vor. Dies vermag lediglich eine geisteswissenschaftliche Analyse der gegenwärtigen Ereignisse. Mit ihrer Hilfe werden wir begreifen können, warum dieser Migrations-„Tsunami" – den wir fortan „Tsunami-Projekt" oder einfach „Tsunami" nennen werden – auf Europa zurollt.

Unserer Auffassung nach gibt es zwei Möglichkeiten, um dieses Phänomen zu erklären. Wir werden versuchen, dies zu tun, wobei wir uns, wie bereits früher, der Methode der historischen Symptomatologie bedienen. Rufen wir kurz in Erinnerung, worin diese im Fall unserer Forschungen besteht. Seinerseits erhob man gegen Rudolf Steiner den Einwand, es sei unnütz, zu erzählen, was von den geheimen Zentren Europas ausgeht, wenn man die Menschen vorher nicht davon überzeugt habe, dass solche Zentren, solche Geheimgesellschaften tatsächlich existierten. Dies sei gar nicht notwendig, erwiderte er. Es helfe einem nämlich nicht viel weiter, wenn man lediglich wisse, dass dieser oder jener Politiker zu ihnen gehöre. Dies könne sogar den Anstoss zu einer sinnlosen Spielerei mit dem Geheimen, dem Okkulten geben, was für die äussere Realität nur schädlich sei. Wenn von den Plänen die Rede sei, die in den Geheimgesellschaften heranreiften und von diesen *auf der Grundlage der Kenntnis der Weltentwicklungsgesetze* verwirklicht würden, müsse man lediglich Gebrauch von seinem gesunden Verstand machen. Des Weiteren müsse man die Realität mit Hilfe dieses Verstands betrachten und dann nachprüfen, ob die besagten Absichten und Pläne in ihr tatsächlich verwirklicht werden (GA 186, S. 67–68, 1.12.1918).

Auf diese Weise muss auch der Leser vorgehen, dem wir keinerlei Prophezeiungen, ja nicht einmal Prognosen feilbieten. Zukunftsprophezeiungen, auch wenn sie auf der Kenntnis irgendwelcher Dokumente beruhen, die der überwältigenden Mehrheit der Menschen unbekannt sind, gehen meist nicht in Erfüllung, zumindest nicht vollständig – allein schon darum, weil es auf der Erde Menschen gibt, die genug lebhaft und objektiv denken, aber auch darum, weil die Welt Schauplatz eines Kampfes zwischen verschiedenen Widersprüchen ist, in erster Linie zwischen Gut und Böse, doch auch zwischen der progressiven Evolution und den Bestrebungen, sie in die falsche Bahn zu lenken. In der modernen Welt haben wir ja fünf Hauptkräfte erkannt, die von unversöhnlichen Widersprüchen zerrissen werden, welche ihrerseits durch den dreifachen Charakter der kosmischen Geister bedingt sind, die der Menschheit den Weg der von Gott gewollten Evolution versperren. (Siehe Illustrationen 11 und 12 im 2. Teil.)

II. UdSSAAER

Auf die Frage, was das heutige Geschehen in Europa, ja auf der ganzen Welt, zu bedeuten hat, würden wir mit folgenden zwei Hypothesen antworten:

1. Der „Tsunami" bedeutet den entschlossenen, brutalen, unwiderstehlichen Beginn der Globalisierung der Welt, welche man dieser schon seit langem in Aussicht stellt. Sie beginnt nicht mit der Schaffung einer einheitlichen Weltregierung, nicht mit der Schaffung einer einheitlichen Weltwirtschaft oder eines einheitlichen Weltfinanzsystems (all dies ist zweitrangig), sondern mit der *Rassenmischung, der Kreuzung zwischen den Rassen*. Hierin sehen wir die Bekräftigung unserer These, dass das Hauptziel der Globalisten nicht nur Reichtum und Macht, sondern der Mensch ist, den sie als Art bis zur Unkenntlichkeit verändern wollen.

2. Das Projekt „Tsunami" ist gewissermassen mit dem Ziel ausgeheckt und in Gang gesetzt worden, das politische „Steuer" weltweit jäh nach rechts herumzuwerfen, d. h. dafür zu sorgen, dass rechte, konservative Parteien überall die Oberhand gewinnen. Die objektive Möglichkeit eines solchen Kurswechsels ist bereits herangereift. Die Weltgeschichte ist durch den steten Kampf zwischen Gegensätzen gekennzeichnet. Schon seit mehr als 200 Jahren tendiert sie alles in allem nach links. Dies stärkt unvermeidlich die Kraft des Gegenschlags.

Betrachten wir diese beiden Hypothesen genauer. Als sich die Wogen des „Tsunami" in Griechenland, Mazedonien, Deutschland und Österreich bereits in recht aggressiver Form manifestierten, und man in Deutschland die Eindringlinge mit der Losung „Willkommen!" begrüsste, konnte man im Internet Videofilme mit äusserst aufschlussreichen Erklärungen finden, die von Vertretern des Zionismus abgegeben wurden. Da diese

Kraft Bestandteil des umgekehrten Pentagramms (des gefallenen paradiesischen Menschen; – siehe dazu das 1. Kapitel im 2. Teil) ist, ist sie ausserordentlich ernst zu nehmen.

In einer dieser Erklärungen bemühte sich Sarkozy leidenschaftlich, die Franzosen, ja alle Europäer davon zu überzeugen, dass die Vermischung mit Migranten aus Afrika und Asien ihre „Pflicht" sei, ihre „Schuldigkeit", da sie hierdurch eine Chance bekämen, die Degradierung zu überwinden, der sie anheimgefallen seien. Seine Worte wirkten schockierend; man glaubte, nicht recht gehört zu haben, denn er sagte sinngemäss, dass, wenn die Franzosen und sonstigen Europäer nicht schon jetzt – heute, morgen – bereit seien, sich an die Dunkelhäutigen anzupassen und mit ihnen zu einer Mischrasse zu verschmelzen, dann bedeute das ihr Ende! Eine andere prominente Figur, eine Frau, beteuerte noch leidenschaftlicher als Sarkozy, wenn die Europäer eine Zukunft haben wollten, dann müssten sie diesen Schritt vollziehen und anfangen, sich in grossem Umfang mit den Immigranten zu vermischen. Ja, gab sie zu, dieser Entscheid sei nicht leicht, „aber wir, die Juden, sind bereit, den Europäern bei dieser Transformation zu helfen". In anderen Worten: von rassischer Degradierung und unvermeidlichen Aussterben zur Wiedergeburt aufzusteigen!

Äusserlich gesehen sind solche Erklärungen einfach nicht zu begreifen. Nun ja, die Bevölkerung Europas wächst nicht mehr, aber wir wissen ja, welche gigantischen Mittel eingesetzt werden, um dies zu erreichen. Hierzu gehört vor allem die „sexuelle Revolution", die schon seit mehr als 30 Jahren andauert und die Institution der Ehe, der Familie zerstört; hierzu gehört auch der aufdringliche Kult der superegoistischen Persönlichkeit, die nur an ihre Karriere und an sexuelle Vergnügungen denkt. Und ausserdem hören wir, wie uns die „Säulen" der schattenhaften Weltregierung immer nachdrücklicher versichern, der Planet Erde sei nicht in der Lage, eine so grosse Bevölkerung zu ertragen – man müsse sie *stark verringern*!

Worin besteht dann eigentlich das Problem? Warum ist es eine Tragödie, wenn es beispielsweise nicht mehr 80, sondern nur noch 60 Millionen Deutsche, nicht mehr 67, sondern nur noch 40 Millionen Franzosen oder nicht mehr 53, sondern bloss noch 30 Millionen Engländer gibt? Weil es dann an Arbeitskräften mangeln würde? Doch davon gibt es vorderhand noch mehr als genug, und mit dem Beginn einer Epoche, in der manuelle Arbeit immer häufiger von Robotern verrichtet wird, werden immer weniger menschliche Arbeitskräfte benötigt werden. Wir nähern uns einer Zeit, in der 90 % der Arbeitskräfte überflüssig geworden sein werden.

Die erwähnten Aussprüche sind in ganz anderem Sinne interessant. Sie zeigen, dass manche der Machthaber den „Tsunami" als erste Etappe der Verwirklichung des Globalisierungsprojekts betrachten, und zwar in dem Sinne, in dem sich ein bedeutender Vertreter der „Brüder des Schattens", Richard Coudenhove-Kalergi, dazu geäussert hat. Bereits im Jahre 1925 schrieb dieser in seinem Buch *Praktischer Idealismus* folgendes: „Der Mensch der fernen Zukunft wird ein Mischling sein… Die eurasisch-negroide Zukunftsrasse, äusserlich der altägyptischen ähnlich, wird die Vielfalt der Völker durch die Vielfalt der Persönlichkeiten ersetzen." Und weiter: „Das Judentum ist der Schoss, aus dem ein neuer, geistiger Adel Europas hervorgeht... Charakterstärke, verbunden mit Geistesstärke, macht den Juden in seinen hervorragendsten Exemplaren zum Führer urbaner Menschheit… Die Überlegenheit ihres Geistes prädestiniert sie [die Juden] zu einem Hauptfaktor künftigen Adels… " (S. 22, 28, 49).

Man kann Kalergi, deutsch-japanischer Mischling und selbst Angehöriger der alten Aristokratie des 20. Jahrhunderts, die eine höchst bedeutende Rolle in den Geheimgesellschaften spielte, durchaus begreifen. Er hoffte, gemeinsam mit der jüdischen „Aristokratie" künftig zur Elite einer rassisch gemischten Menschheit zu gehören und über deren Schicksal mitzubestimmen. Doch bemerkte er nicht, worüber zur selben Zeit Rudolf Steiner sprach, nämlich, dass in der Welt an die Stelle der Geburtsaristokratie die Aristokratie der Logen tritt.

Die Führer der Geheimgesellschaften, die „auf der Grundlage der Kenntnis der „Entwicklungsgesetze der Welt" wirken, haben längst begriffen, dass die objektive Entwicklung in Richtung auf den Sozialismus verläuft, und versuchen deswegen, diese Bewegung zu korrumpieren und in ihren Dienst zu stellen. Es gilt zu begreifen, dass nicht Oligarchen, nicht Monsterkonzerne und nicht Superbanken über die globale Welt herrschen werden, sofern diese tatsächlich entsteht. (Dies hat Mark Zuckerberg anscheinend rechtzeitig begriffen, der freiwillig einen Grossteil seines sagenhaften Reichtums für wohltätige Zwecke spendet.) Über sie wird eine Aristokratie okkult-politischer Geheimgesellschaften herrschen, ihr Kern, dessen Vertreter auf dem Weg der individuellen okkulten Entwicklung bestimmte Erfolge erzielt haben. Schwarzmagier werden die Welt regieren und nicht eine erbliche Aristokratie, Finanzoligarchen oder sonstige Oligarchen. Einen typischen Vertreter von ihnen hat George Orwell in der Gestalt von O'Brien gezeichnet. Sie werden kein Vermögen benötigen, weil ihnen, wie einst den Bolschewiken in Russland, alles und jedes gehören wird. Und sie werden die Massen lenken, die *sozialistisch organisiert* sein werden.

Unter diesen Umständen wird die Ideologie Kalergis hoffnungslos veraltet sein. Dies bestätigte indirekt auch Jacques Attali in seinem Vortrag in Basel (siehe 1. Teil), indem er sagte, in 50 Jahren werde es keine Rassen mehr geben, auch keine jüdische mehr.

* * *

Seltsamerweise werfen jene, die sich mit den Problemen der Globalisierung auseinandersetzen, niemals offen die Frage auf, *bei welcher Gesellschaftsordnung* der Globalismus überhaupt möglich ist. Dabei liegt es klar auf der Hand, dass es der neuen Aristokratie im Falle einer Aufrechterhaltung der bürgerlich-liberalen Ordnung nicht gelingen wird, ihr Ziel – die totale Kontrolle der Persönlichkeit – zu erreichen. Und es wäre töricht anzunehmen, die neue Aristokratie würde dies noch nicht begreifen. Trotz all ihrer Unzulänglichkeiten beruht die bürgerlich-liberale Ordnung auf der Persönlichkeit, mag diese auch egoistisch sein. Deshalb gilt es sie abzuschaffen. Allerdings ist Europa zur gegenwärtigen Zeit ganz eindeutig nicht zu einer sozialistischen Revolution bereit. Es besitzt überhaupt kein Proletariat mehr; seine Proletarier leben in bequemen Wohnungen, fahren schöne Autos usw.; sie sind selber zur Bourgeoisie geworden.

Und hier drängt sich der Verdacht auf, dass die Migranten des „Tsunami" zum Proletariat Europas werden und dass alle Europäer, mit Ausnahme der „Grünen" und Linksradikalen (Maoisten, Trotzkisten etc.), zu Angehörigen der Bourgeoisie erklärt werden sollen. Falls dies zutrifft, ist die Lage in Europa ausserordentlich ernst. Ihm stehen Umwälzungen bevor, die es bis zur Unkenntlichkeit verändern werden.

Der europäische Bourgeois, der ansehen muss, was sich gegenwärtig abspielt, hofft, dass all dies irgendwie „rasch vorbeigehen" und alles „wieder wie früher" werden wird. So dachte anno 1917 auch die russische Bourgeoisie. Dem Schriftsteller Iwan Bunin, der 1918 begriffen hatte, dass das, was in Russland entstanden war, sehr lange andauern würde, hielten seine Bekannten entgegen: „Ach hör doch auf damit, Alter! In zwei oder drei Wochen ist der Spuk vorbei, und dann wirst du dich schämen…" Doch endete der Spuk erst 70 Jahre später, und Russland hatte inzwischen aufgehört zu existieren.

Deshalb lohnt es sich unserer Ansicht nach, sehr ernsthaft darüber nachzudenken, dass die Welt, ehe sie global wird, sozialistisch werden muss. Europa soll den Grundstein zu dieser Entwicklung legen. Und deshalb wird es zur Zielscheibe einer sozialistischen Revolution bolschewistischer Spielart.[*] Um sie auszulösen, wurde der Tsunami gegen Europa entfesselt. Wie bei einer Atomexplosion braucht es für eine soziale Explosion eine kritische Masse – wenigstens, um es in der Sprache der stalinistischen Bolschewiken auszudrücken, „in einem einzelnen Land", was unter den neuen Bedingungen beispielsweise „in Deutschland" heissen kann. Deutschland ist das ideale Opfer, weil es den globalistischen Strategen schon aufgrund seiner geistigen, kulturhistorischen Mission ein Dorn im Auge ist. Ausserdem gibt es in Europa kein rechtloseres Land als Deutschland. Schliesslich hat man mit ihm seit 1945 nie einen Friedensvertrag unterzeichnet.

Kann sich eine solche Revolution auf friedlichem Wege vollziehen? Theoretisch ja, nämlich dann, wenn die fünf Kräfte des umgekehrten Pentagramms in dieser Frage zu einem „Konsensus" gelangen. Dann werden die unorganisierten Massen, selbst wenn sie weiterhin protestieren, nichts zu verändern vermögen. Ihnen wird nichts anderes übrig bleiben, als sich einfach zu unterwerfen.

Doch die Alternative dazu, was verspricht sie? Wenn diese verwirklicht wird, können die rechten Kräfte auch mit friedlichen Mitteln politisch die Oberhand gewinnen, die Anhänger der Linken von ihren Posten verdrängen, die EU auflösen, die Grenzen wiederherstellen und die Repatriierung der Migranten in die Wege leiten. Rein theoretisch betrachtet kann auch dies eintreten. Allerdings sprechen viele Anzeichen dafür, dass eine friedliche Lösung der Krise weder seitens der Linken noch seitens der Rechten vorgesehen ist. Und die Migranten selbst erklären: „Wir kehren nicht zurück! Eher beginnen wir

* Dies vermuten wir, wobei wir uns inbrünstig wünschen, dass wir mit dieser Vermutung falsch liegen mögen.

einen Aufstand!"

Möglicherweise spielt bei diesem „Projekt Tsunami" die Tatsache eine Rolle, dass sich die ahrimanische Monade bereits ihrer irdischen Inkarnation nähert. Für sie ist es wichtig, dass auf der Welt Krieg und Leiden herrschen, wie Wladimir Solowjew zutreffend festhielt. Rudolf Steiner sagt, Ahriman werde nicht als Peiniger, sondern als Spender aller erdenklichen irdischen Wohltaten kommen. Und letztere weiss niemand mehr zu schätzen als leidende, jede Hoffnung verlierende, sterbende Menschen. Sie werden ihm dann mit Begeisterung folgen.

* * *

Der Charakter einer möglichen Revolution wird zwangsläufig stark an die bolschewistische Revolution erinnern, jedoch auch seinen eigenen, spezifischen Zug aufweisen. Dieser spezifische Zug wird die Vermischung der Rassen sein. Sie wird an die Stelle der Vermischung der Klassen treten. Die globalen Experimentatoren sind Eugeniker und Selektionierer, aber im Grunde fürchterliche Rassisten, Rassisten reinsten Wassers. Sie führen einen Kampf gegen *die gesamte weisse Rasse* – weisse Menschen haben den Plan ausgeheckt, die weisse Rasse zu vernichten! Ihren Plänen zufolge hat diese unter den Bedingungen der „Neuen Weltordnung" kein Existenzrecht – und zwar aus dem Grund, dass sie die Vorhut nicht nur des technischen, sondern auch des individualistischen, kulturellen und geistigmoralischen Fortschritts ist. Sie schreitet unaufhaltsam auf die Freiheit des menschlichen Geistes zu, und wenn diese eintritt, haben alle Herrscher dieser Art ausgespielt.

Da sie verstehen, dass der geistige Fortschritt der weissen Rasse evolutionsbedingt ist, bedeutet dies für sie, dass auch der Kampf gegen ihn evolutionären Charakter tragen muss, beispielsweise mittels der biologischen Vermischung der Rassen zu einer neuen Einheitsrasse von Mischlingen. In dieser wird sich das Potential zum individuellen Aufstieg des Menschen zum Geist unvermeidlich verringern.

Wie lässt sich eine solche Rasse heranzüchten? Natürlich mit Hilfe der Geburt von Kindern. Aus diesem Grund müssen zur "Haupttriebkraft" der neuen, rassenproletarischen Revolution **die Frauen** werden. Jawohl, gerade den europäischen Frauen ist von den Politikern das Los zugedacht, zum hauptsächlichen Instrument des neuen eugenischen Experiments zu werden. Bei diesem spielt es überhaupt keine Rolle, *wie* die rassisch gemischten Kinder geboren werden; wichtig ist allein, dass sie rasch und in grosser Zahl geboren werden. Deshalb wird dafür gesorgt, dass Millionen junger, gesunder alleinstehender Männer in Europa einfallen. Es war von Anfang an voraussehbar, dass sie Gewalttaten gegen Frauen begehen würden. Aber die „Selektionierer" denken wohl wie folgt: Na und, was ist denn daran so besonders? Sie werden sich so oder so an eine afrikanisch-arabische Umwelt anpassen müssen. Wenn sie es nicht wollen, werden wir sie eben dazu zwingen! Sie werden sich damit abfinden und sich daran gewöhnen! Hauptsache ist, dass sie farbige Kinder zur Welt bringen und dass die Rassenmischung beginnt. – Und es werden bereits mancherorts spezielle Einrichtungen geschaffen, wo man Neugeborene aufnimmt, die von ihren Müttern nicht gewünscht werden. Man errät leicht, auf was für Kinder die Frauen verzichten werden.

Darauf, was auf Europa allem Anschein nach in immer grösserem Ausmass zukommt, ehe man ihm endgültig das Rückgrat bricht, hat man seine Bevölkerung mit Hilfe der sexuellen Revolution lange vorbereitet. Diese führte dazu, dass der Geschlechtsakt von vielen als etwas erlebt wird, was sich nicht von der Befriedigung jedes beliebigen anderen alltäglichen physiologischen Bedürfnisses unterscheidet. Deshalb sind die europäischen Männer nicht mehr bereit, die Frauen vor Gewalt zu schützen. Und von letzteren wird erwartet, dass sie diese Gewalt

„leicht" verkraften. Die juristische Lage hat sich mittlerweile de facto schon so weit entwickelt, dass die Vergewaltigung einer Frau durch einen afrikanischen oder arabischen Migranten nicht mehr als Verbrechen gilt. Die deutsche Polizei nimmt von Frauen Anzeigen dieser Art kaum noch entgegen. Darüber schreiben die Zeitungen schon ganz offen, und in den Fernsehnachrichten wird darüber berichtet. Aber getan wird nichts! Die Statistik über Vergewaltigungen von Frauen durch Migranten wird sorgfältig vor der Öffentlichkeit verborgen.

Was die Vergewaltiger betrifft, so ist wohl jedem bekannt, dass die Sinnlichkeit und Sexualität bei den südlichen Völkern stärker ausgeprägt sind als bei den nördlichen. Deshalb herrschen bei ihnen schon seit Jahrhunderten derart strenge moralische Regeln. Wenn die Frauen dort mit Kopftüchern oder in Burkas gehüllt auf die Strasse gehen, liegt der Grund hierfür nicht in religiösem Fanatismus. Seitens der Europäer jedoch war es nichts weiter als Sadismus, von einem Tag auf den anderen eine gigantische Masse junger Afro-Asiaten nach Europa zu holen, wo sich ihnen auf allen Bürgersteigen eine glänzende Ausstellung prächtiger weiblicher „Kruppen" darbietet. Doch nicht genug damit. Bei der Betrachtung dieser weiblichen Reize stellt sich bei ihnen zwangsläufig eine Psychose ein. Und die arglistigen europäischen Politiker tun so, als verstünden sie nichts; sie reden über eine sofortige „Konvergenz der Kulturen"! Im Gegensatz zu ihnen betrachten die Migranten (die neuen wie die alten) in ihrer grossen Mehrheit die gesamte westliche Zivilisation als ein einziges Bordell und bezeichnen alle westlichen Frauen als „weisses Fleisch". In Wahrheit besteht das Problem nicht darin, dass *sie* sich an die europäische Umwelt assimilieren müssen, sondern darin, dass die Europäer gezwungen sein werden, sich den Gebräuchen der Migranten anzupassen. Dies muss man der gesamten Bevölkerung Europas ehrlich und offen sagen.

Man wird zugeben müssen, dass die sexuelle Revolution die Frau grausam betrogen hat. Sie hat ihre Würde nicht gestärkt und ihr keine Freiheit gebracht. Sie hat lediglich ihre Instinkte entfesselt und sie zum Objekt weitverbreiteter Pornographie gemacht, zum Gegenstand einer folgenlosen sexuellen Konsumierung durch die Männer – etwas, wovon alle Revolutionäre träumen. Und man erkennt unschwer, dass trotz allem nicht so viele Frauen fähig sind, Männer sexuell zu konsumieren. Männer tun dies hingegen überall mit Leichtigkeit. Denn wir haben es hier nicht mehr mit Sozialpsychologie, sondern mit den Gesetzen der biologischen Evolution und der sittlichen Evolution des bewussten Menschen zu tun.

* * *

Die sexuelle Revolution geht stets Hand in Hand mit einer politischen Revolution. Die Ideale der Freiheit, die den Menschen zur Revolution treiben, werden nach deren Vollendung zur Freiheit der Instinkte. Deshalb beginnt die Gewalt, beginnt der Terror. So war es sowohl während der Französischen als auch während der bolschewistischen Revolution. Es sind beispielsweise Dokumente erhalten, die belegen, dass 1918 in einigen Städten Russlands in Urlaub gehenden Rotarmisten eine Bescheinigung ausgehändigt wurde, die sie dazu ermächtigte, eine Frau von nicht unter 14 Jahren legal zu „sozialisieren“. (Wäre es da in Europa eigentlich nicht an der Zeit, nicht von Notzucht zu sprechen, sondern von der „Sozialisierung“ von Frauen, die im Namen des hehren Ziels der Rassenmischung erfolgt?) Und die bekannte Bolschewistin Kolontai – ihrer Abstammung nach Adlige – predigte, der sexuelle Akt gehöre auf dieselbe Stufe gestellt wie das Trinken einer Tasse Tee, und demonstrierte diese These selber in der Praxis. Ein zeitgenössischer Moskauer Journalist ruft in Erinnerung, was für Zustände bei uns nach der Revolution herrschten; er schreibt: „Anfang der zwanziger Jahre stiegen in Moskau und Leningrad nackte Mitbürger wie selbstverständlich in Strassenbahnen, assen in Kantinen zu Mittag und arbeiteten auf Ämtern." Die erste Kundgebung von Nackten auf dem Roten Platz fand 1919 statt. An ihrer Spitze stand ein Komplize Lenins und Trotzkis, Karl Radek. Ein wohlbekannter sowjetischer Schauspieler gab zu, dass er einmal nackt um die Christi-Erlöser-Kirche gelaufen war (was er dann sein ganzes Leben lang bereute).

Es ist sehr wichtig, auf all dies hinzuweisen, weil die sexuelle Revolution in Europa nicht zur gleichen Zeit wie die politische Revolution, sondern vor dieser erfolgte und sie auf diese Weise umfassend und gründlich vorbereitete. Die Instinkte sind entfesselt; nur ein dünner Firnis europäischer Wohlerzogenheit und Korrektheit hindert sie daran, an die Oberfläche durchzubrechen. Und bei dem neuen Proletariat fehlt ein solcher Firnis völlig.

Diese beiden Revolutionen sind sich bereits begegnet. Dies fand, wenn wir uns so ausdrücken dürfen, einen geradezu *symbolischen* Ausdruck in einer Protestaktion gegen die „Bartholomäusnacht", die eine Künstlerin, eine gewisse Milo Moiré, ebenfalls in Köln durchführte.*

---

* Diese Milo machte schon früher von sich reden, als sie nackt in der Basler Strassenbahn herumfuhr. In einer Zeitung wurde ihre Photographie abgebildet. Berühmt wurde sie aber erst, nachdem sie als Künstlerin Aufsehen erregt hatte. Dies geschah so: An einer Haltestelle in Deutschland (sie selbst ist Schweizerin) stellte sie ein hohes Gerüst mit einem Loch auf, stellte sich nackt über dieses Loch und begann (Pardon!) aus ihrer Vagina bemalte Eier zu „legen", wonach diese auf ein auf dem Boden ausgebreitetes Blatt Papier fielen und zerbrachen – und dies war das Motiv für ein Bild. Eine neue Richtung in der Malerei war geboren. Die Spezialisten wissen, wie sie heisst. Bemerkenswert ist sie darum, weil sie zweifellos den Höhepunkt der Pop-Art darstellt; nach ihr wird es mit dieser wahrscheinlich abwärts gehen.
Beiläufig möchten wir auch eine andere Pressemitteilung erwähnen, der zufolge am Hauptbahnhof von Kiel eine Horde von 20 Migranten am helllichten Tage drei Schülerinnen nachjagte. Die Polizei nahm zwei der Delinquenten fest, liess sie aber dann wieder frei. Diese Meldung erweckte in uns den

Dies war zweifellos eine höchst wirksame Art, die Rechte und die Würde der Frauen zu verteidigen. Die Aktion rief bei Afrikanern und Arabern tiefe Reue hervor. Danach hat sich in Köln keine „Bartholomäusnacht" mehr ereignet. Ja, der grosse Wunsch, mit der Zeit zu gehen und den Vorfall im Geiste strenger Politcorrectness zu beschreiben. Dabei kam folgendes heraus: „Am 24. Februar beschloss eine Gruppe von Flüchtlingen, die vor Putins Bombenterror geflohen waren, ihr selbstverständliches Bürgerrecht, das ihnen unser demokratischer Rechtsstaat gewährleistet, in Anspruch zu nehmen und drei Schülerinnen zu sozialisieren. Da sie sich der juristischen, politischen, historischen und revolutionären Rechtmässigkeit dieses Vorgehens voll bewusst waren, taten sie das nicht im geheimen, sondern beschlossen die Sozialisierung im Einkaufszentrum des Bahnhofs durchzuführen. Doch einige Anwesende – bei denen es sich ohne Zweifel um Rechte handelte – riefen die Polizei. In einer ersten Aufwallung nahm diese zwei unserer lieben Freunde fest, doch nach dem sie in Erfahrung gebracht hatte, worum es ging, räumte sie das Feld.

A propos. „Aus inoffiziellen Quellen erfuhren wir, dass die charmante Gemahlin von Monsieur***, sich im Namen der Erfüllung ihrer Bürgerpflicht und- schuldigkeit vorbereitet zur Verwirklichung auf der berühmten Place de Grève in Paris der Sozialisierung mit drei Libyern. Diese Aktion wurde von Monsieur***, dem demokratischsten Poliker des heutigen Frankreichs, im Rahmen der Feier der französisch-libyschen Freundschaft vorgeschlagen. Schliesslich ist wohlbekannt, dass Libyen selbst zur Zeit der grausamen Diktatur bemüht war, Frankreich bei der Vervollkommnung seines staatlichen Systems zu helfen." Se non è vero, è ben trovato…

Schacherer – er ist auch ein Spassvogel.

* * *

Die Ereignisse in Europa erinnern frappierend an das, was in Russland im Zeitraum zwischen der bürgerlichen Revolution im März 1917 und der bolschewistischen im Oktober desselben Jahres vorging. Würde sich jemand daran erinnern oder die zahlreichen Schilderungen von Zeitzeugen studieren, so würde er mit namenloser Verblüffung feststellen, dass Frau Merkel einfach das Verhalten Kerenskis kopiert, des damaligen Oberhaupts der provisorischen Regierung, und dass die heutigen Linken (Sozialisten, „Grüne" etc.) Abziehbilder unserer ehemaligen Sozialrevolutionäre, Kadetten und Menschewisten sind.

So wie Kerenski mit seiner hohlen Phrasendrescherei und seinem unlogischen Verhalten nur die Zeit gewann, welche die Bolschewiken zur Vorbereitung ihres Umsturzes benötigten, so geht im Grunde auch Merkel vor. Ihre dürftigen, von jeglicher Realität losgelösten Erklärungen, in denen sie ohne jede Überzeugungskraft verspricht, die Migration in geordnete Bahnen zu lenken und vielleicht sogar ein wenig zu verringern, verfolgen, wie es uns scheint, lediglich das Ziel, die erregte Öffentlichkeit halbwegs zu beruhigen, Zeit zu gewinnen und noch wenigstens weitere zwei Millionen Migranten nach Deutschland zu holen.

Es ist heute weithin bekannt, dass alle Angehörigen der russischen Provisorischen Regierung (und auch ein erheblicher Teil des Generalstabs) Mitglieder von Logen waren und die von dort erhaltenen Instruktionen widerspruchslos ausführten. Diese besagten, dass die bürgerlich-liberale Regierung die Macht an Lenin und Trotzki übergeben solle, die in westlichen Geheimgesellschaften auf ihre Mission vorbereitet worden waren. (All dies nochmals ausführlich zu beschreiben, hätte keinen Sinn.)

Wie heute in Deutschland fanden auch damals in Russland Kundgebungen für die Linksradikalen, die Bolschewisten, sowie Demonstrationen für die Rechte statt. Letztere wurden von der Presse als „Schwarzhundertschaftler" gegeisselt; es war dies die Entsprechung zu der heutigen Totschlagvokabel „Nazi". Die linke Presse, die mittlerweile unangefochten dominierte, zerstörte die Autorität, ja die Karriere eines jeden, der es wagte, sich anders zu äussern als im Sinn der von ihr propagierten sozialistischen Tendenzen, usw.

Die Kadetten sowie die Sozialrevolutionäre waren in der staatlichen Duma der Provisorischen Regierung vertreten und sabotierten diese dort nach Kräften. Anschliessend schufen sie im bolschewistischen Russland durch das Bündnis mit den Menschewiken, den „Arbeitern und Bauern", eine Machtstruktur und einen Verwaltungsapparat, weil die wirklichen Arbeiter und Bauern (die keine Bildung besassen) hierzu nicht in der Lage waren.

Genau so kann es auch in Europa ablaufen: Sollte es in ihr zu einer Revolution kommen, stünden an deren Spitze die Sozialisten und die „Grünen" im Bündnis mit einem (ausreichend gebildeten) Teil der Afro-Araber, die vom IS für die Revolution geschult worden sind.

Die bolschewistische Revolution in Russland fand auch in Deutschland ihren Widerhall. Auch dort begann das sozialistische Experiment, und zwar mit denselben Methoden wie in Russland. Bis zum Jahre 1933 war eine kritische Situation herangereift, in der es galt, zwischen der Diktatur der internationalistischen Sozialisten und jener der nationalistischen Sozialisten zu wählen. Man entschied sich für das letztere von den zwei Übeln, weil das erstere seinen schauerlichen Charakter bereits hinreichend deutlich offenbart hatte.

Steuert Deutschland denn nicht auf ein neues 1933 zu? Die Lage ist – wiederholen wir dies – sehr ähnlich. Damals traf Deutschland seine Wahl, und in Russland hatte die bolschewistische Macht die Revolution bereits konsolidiert. Die heutige

Analogie zu einer solchen Revolution, die aber sich im selben Stadium befindet wie die russische während des Bürgerkriegs, ist das, was der IS treibt. Es ist dies eine waschechte bolschewistische Revolution, nur in einer anderen Inszenierung, die niemanden hinters Licht führen darf. Die ganze Demagogie, Grausamkeit, Zügellosigkeit und Willkür der IS-Barbaren entspricht haargenau dem Verhalten russischer bolschewistischen Revolutionäre anno 1917. Die Bombenangriffe der Europäer und Amerikaner auf den IS entsprechen dem Kampf der Entente gegen den Bolschewismus, der sich als reine Fiktion erwies, weil die Entente in Wirklichkeit für den Bolschewismus arbeitete. Das Eingreifen Russlands in den Kampf gegen den IS in Syrien erinnert an den Krieg, den die Weissgardisten gemeinsam mit der Entente gegen die Bolschewiken führten. Und sein Schicksal ist im Verband der neuen „Entente" dasselbe.

Die von uns aufgezeigten Analogien liessen sich bis ins Unendliche vermehren. Doch wollen wir uns nun der Aufdeckung ihres äusserst tiefen Hintergrunds zuwenden. Hierzu müssen wir die europäische Geschichte der letzten 100 und dann der letzten 200 Jahre etwas näher betrachten. Im Moment begnügen wir uns mit der Feststellung, dass, sofern die Geschehnisse in Europa nach dem sich abzeichnenden Szenarium verlaufen, die EU auseinanderbrechen und dann als neue Union der Sowjetischen Sozialistischen Afro-Arabisch-Europäischen Republiken ein fröhliches Auferstehen feiern wird. Und dies wird keine Union der Völker oder Länder sein, sondern eine, die auf dem Rassenprinzip fusst.

Russland wird sich in diesem Fall buchstäblich in derselben Lage befinden wie Deutschland zu Beginn der dreissiger Jahre (dies erwähnen wir für jene, die die beiden ersten Teile unserer Broschüre gelesen haben). Direkt an seiner Westgrenze wird ein neuer bolschewistischer Staat entstanden sein.

III. Der antagonistische Gegensatz zwischen den „Vätern der Finsternis" und den „Brüdern des Schattens"

Kehren wir nochmals auf die erste unserer beiden Hypothesen zurück. Stellen wir uns vor, dass wir als Zeugen miterleben, wie alle Kräfte des Weltenübels „Westen" zu einer Einigung gelangt sind und wie Ketten von Infanteristen, welche die feindlichen Schützengräben stürmen, uns mit wilder, roher Gewalt ins „irdische Paradies" der globalen Welt der Mischlinge stossen, die für uns schlimmer ist als der Tod. In diesem Fall hätten wir keine andere Wahl, als uns auf den Standpunkt der Politologie des vulgären Materialismus zu stellen, dem zufolge die Welt von einem kleinen Haufen steinreicher Kapitalisten regiert wird, von 300 Familien, welche sich von der restlichen Menschheit durch den Bilderberger-Klub, die Trilaterale Kommission und andere „Schutzschirmen" abgrenzen, die es ihnen erleichtern zu herrschen. Doch jetzt haben sie sich entschlossen, noch reicher zu werden, damit sie, die „Halunken", wie es im Märchen von Michael Saltykow-Schtschedrin heisst, „es gut haben und tun können, was sie wollen, während die anderen die Kränke kriegen". Aber fragen wir uns: Gibt es auf der Welt denn keine anderen, noch wesentlicheren Widersprüche? Woher kommen beispielsweise die Revolutionen? Sind sie einfach das Ergebnis eines Aufstands der Armen gegen die Reichen? Doch was für Wert hat in diesem Fall die Macht der Superreichen, wenn sie nicht fähig sind, einem unkontrollierbaren Chaos Einhalt zu gebieten? Oder schlimmstenfalls einfach dessen spontan erschienene Anführer zu bestechen, wie dies in den Polit-Operetten unserer Tage bei den „Orangenrevolutionen" geschieht?

Was soll man dann aber beispielsweise zu der Tatsache sagen, dass im Leben die einen Menschen dem Wissen den Vorzug geben und die andere dem Glauben, zu dem Widerspruch zwischen Kirche und Atheismus, zu dem viele Jahrhunderte alten Gegensatz zwischen dem Klerikalismus und dem Streben der Menschen zur Erkenntnis des Geistes? Falls wir die Realität einer übersinnlichen Welt noch anerkennen, wo ein kosmischer Gegensatz zwischen Gut und Böse herrscht, dank dem sich die Evolution vorwärtsbewegt, kommen wir nicht umhin, jene Hypothese in Bezug auf die Wirkung der grossen *Gesetzmässigkeiten* der Entwicklung, in erster Linie in der Sphäre des kulturell-sozialen, politischen und historischen Lebens, zu überprüfen. Dabei darf man nicht vergessen, dass die globale Konfrontation zwischen den feindlichen Seiten zahlreiche Varianten aufweist. Dies ist völlig natürlich, so wie es im Kampf natürlich ist, nötigenfalls von Artilleriebeschuss zu Bombenangriffen überzugehen.

Kurz gesagt: Wenn wir keine stummen „Holzscheite" des Weltenbrandes werden wollen, haben wir keine andere Wahl, als uns um die Erkenntnis der Gesetze zu bemühen, die in unserer heutigen Welt der beispiellosen Krise herrschen. In der Welt verläuft ein Kampf zwischen kosmischen Gegensätzen, der auf die soziale Ebene der irdischen Menschen projiziert wird. Und dies ist vor allem ein Kampf um den Menschen.

Führen wir hier gleich ein anschauliches Beispiel an, das die Richtigkeit unserer Worte erhärtet. Wir haben alle gehört, wie Frau Merkel sagte, wenn Europa keine unbegrenzte Zahl von Migranten aufnehme, dann bedeute das Krieg. Die Politologen halten dies anscheinend für leere Rhetorik – und begehen damit einen grossen Fehler. Die Kanzlerin tat diesen Ausspruch im Namen der Kräfte, die sie leiten. Diese wissen, dass ein Weltkrieg nach dem Szenarium vorbereitet wird, das wir im ersten Teil geschildert haben. Bricht dieser Krieg tatsächlich aus, dann werden seine Schrecken zweifellos alles bisher Gesehene in den Schatten stellen. Doch den „Gurus" Frau Merkels ist Mitgefühl nicht fremd. Ihr eigentliches Hauptziel ist es, eine Gemeinde von hellbrauner Hautfarbe – wie Ägypter – heranzuzüchten, mit der die Pastoren keinerlei Probleme haben werden, da das Risiko einer Komplizierung des menschlichen Geistes bei ihr auf ein Minimum beschränkt sein wird; es wird dann möglich sein, die menschliche Persönlichkeit auf der Bewusstseinsstufe der dritten, ägyptisch-chaldäischen Epoche zu halten. Da liegt also der Hase im Pfeffer! Falls sich die Europäer freiwillig dazu bereit erklären, warum soll man sie dann der grauenvollen Katastrophe eines neuen Krieges aussetzen? Ja, genau das steckt hinter der „Rhetorik" der Kanzlerin. Aber, fragen wir weiter, warum ist es überhaupt möglich geworden, die Menschheit so zu manipulieren? Es wurde möglich, weil die Menschheit ihre Pflicht, sich zu entwickeln, vergessen hat; weil sie vergessen hat, dass es eine Welt göttlicher Wesenheiten gibt, denen an einer höheren individuellen Entwicklung der Menschen gelegen ist und nicht an ihrer massenhaften Infantilisierung. Dies ist der Grund dafür, dass die Zivilisation in eine Krise geraten ist.

Der sichtbare, materielle, gewalttätige Auftakt zu dieser Krise erfolgte, wie Oswald Spengler in seinem berühmten Buch „Der Untergang des Abendlands" treffend festhält, in der französischen Revolution. Nur in einem einzigen Punkt hat er sich geirrt: Er meinte, Europas Ende werde in 200 Jahren eintreten, aber wir beobachten, dass es bereits vor der Tür steht. Und Spengler war auch nicht in der Lage, die Natur dieses Untergangs, seine wahre Ursache zu erkennen, weil allein schon das Wort „Spiritualismus" ihn in Zorn versetzte. Die Erkenntnis der Ursache ist jedoch einzig mit Hilfe der Geisteswissenschaft möglich; nur auf ihrem Wege kann man *in der Geschichte Europas in der Epoche des Untergangs etwas Besonderes begreifen.*

In dieser Epoche lassen sich dank der Tatsache, dass sich manche Ereignisse wiederholen, drei Knoten – um es so auszudrücken – des Untergangs erkennen. *Zwei davon liegen be-*

reits hinter uns, und ihr Verständnis liefert den Schlüssel zum Begreifen dessen, was noch bevorsteht. Diese Knoten sind die folgenden:

1. Der erste begann tatsächlich im Jahre 1789 mit der Französischen Revolution. Zu ihm gehören auch die Napoleonischen Kriege, die gesamteuropäischen (nach damaligen Massstäben weltweiten) Charakter trugen; der wichtigste davon war der Krieg Napoleons *mit Russland.*

2. Kern des zweiten Knotenpunkts ist die bolschewistische Revolution in Russland. Die Rolle der Napoleonischen Kriege spielten dort die Kriege des Nationalsozialismus, von denen der wichtigste der Krieg *mit Russland* war. Der Erste Weltkrieg war aufgrund spezifischer Bedingungen erforderlich, hauptsächlich zur Entfesselung der Revolution sowie zur Niederwerfung Mitteleuropas. In Russland liess sich zu Beginn des 20. Jahrhunderts keine Revolution nach dem Szenarium der französischen verwirklichen.

3. Im dritten Knoten befinden wir uns heute. Wenn nichts Aussergewöhnliches geschieht, dann muss in Analogie zu den beiden vorhergehenden Knoten anfangs eine gesamteuropäische Revolution ausbrechen. Auf diese werden „Napoleonische" Kriege folgen, und damit wird der „Untergang Europas" besiegelt sein.

Bemühen wir uns zu verstehen, wie und warum diese Knotenpunkte der grössten Krise der Menschheitsgeschichte entstanden sind. Hierzu ist es notwendig, der Politik für eine Weile den Rücken zu kehren und sich der Geschichte, der Soziologie und der Philosophie zuzuwenden. Die Knotenpunkte bildeten sich kraft der Besonderheiten des Werdens der menschlichen Individualität in der Epoche der Bewusstseinsseele, ja sogar früher, seit der Zeit der Geburt Christi. Den Menschentypus, der während jener Periode immer nachhaltiger in Erscheinung trat, nennt Rudolf Steiner die „faustische Seele". Sein hauptsächliches Bestreben ist, in allen Lebensbereichen auf eigenen

Füssen zu stehen, und hierzu ist die Entwicklung eines autonomen Ich notwendig, das mit allen Formen des Gruppenbewusstseins bricht.

Das Erscheinen eines solchen Persönlichkeitstyps ist eine objektive weltgeschichtliche Notwendigkeit. Sie wurde mit dem Erscheinen Christi auf Erden gesetzt. Er ist Gott des menschlichen Ich. Doch im Verlauf der kulturhistorischen Entwicklung entstand auch ein Zurückbleiben, und alles, was damit verbunden war, nahm gegen eine solche Persönlichkeit eine feindliche Position ein, weil diese ihr Todesurteil verkündet. Deshalb kam es auch so, dass das Christentum, nachdem es die Form des römischen Katholizismus angenommen hatte, einen unversöhnlichen Kampf gegen die „faustischen Seele" zu führen begann.

Eine ausführliche Betrachtung dieser Frage würde uns allzu weit von unserem Thema wegführen. Stattdessen zitieren wir zwei recht umfangreiche Mitteilungen aus den Vorlesungen Rudolf Steiners, von denen wir eine teilweise im 2. Teil angeführt haben, welche dieses Phänomen, bis in seinen Kern hinein, detailliert erklärt. Zum ersten Mal trat es auf dem äusseren Plan im 3. und 4. Jahrhundert nach Christus zutage – die „faustische Seele" hat Augustin genau erkannt. Anfänglich war er entzückt von ihr, davon, wie sie „aus dem Menschen heraus den Sinn für die Form der Zukunft vorbereiten will". Doch dann erschrak er vor ihr, vor ihrem Bestreben kühn ins Übersinnliche einzutreten, selbständig eine Weltanschauung zu entwickeln etc., wogegen sich die Kirche von Anfang an verwahrte. Und Augustin kehrte unter den Schutz der Kirche zurück.

Die römische Kirche, die im Grunde den Geist des alten Römischen Reichs in sich wiedererweckt hatte, setzte ihren Kampf gegen die Spiritualität fort und bekämpfte den Aufstieg des Menschen zur Bewusstseinsseele.

Schon mit Konstantin manifestierte sich dieser Gegensatz zwischen der Kirche und der freien Individualität. Ihren praktischen Ausdruck fand sie im „Kampf der katholischen Kirche gegen die Tempelritter, Rosenkreuzer, Albigenser, Katharer und so weiter. Sie alle werden ausgerottet vom äusseren physischen Plan, aber ihr Innenleben wirkt weiter. Später kommt der Gegensatz in abgeschwächter, aber immer noch heftiger Form wieder zum Ausdruck in zwei Strömungen, herausgeboren aus einer abendländischen Kultur sclbst, als Jesuitismus (Augustinismus) und Freimaurerei (Manichäismus). Die auf der einen Seite den Kampf führen, sind sich dessen alle bewusst, die Katholiken und Jesuiten der höheren Grade; die aber auf der anderen Seite, die im Geiste des Mani den Kampf führen, bei denen sind sich die wenigsten dessen bewusst, nur die Spitze der Bewegung ist sich dessen bewusst.

So stehen sich in den späteren Jahrhunderten gegenüber Jesuitismus (Augustinismus) und Freimaurerei (Manichäismus). Das sind die Kinder der alten Geistesströmungen. Daher haben Sie sowohl im Jesuitismus als auch im Freimaurertum eine Fortsetzung derselben Zeremonien bei den Einweihungen wie in den alten Strömungen. Die Einweihung der Kirche im Jesuitismus hat die vier Grade… Die Grade der Einweihung in der eigentlichen, okkulten Freimaurerei sind ähnlich. Sie laufen einander parallel, verfolgen aber ganz verschiedene Richtungen.“ (GA 93, S. 78–79, 11.11. 1904)

In einer anderen Vorlesung führt Rudolf Steiner dieses Thema weiter; er sagt: „Und das Merkwürdige ist, dass aus der Mitte der Ketzer allmählich Leute hervorkamen, die sich das Christentum von sich aus anschauten und die erkennen konnten, dass dasjenige, das von Rom ausgeht, doch etwas anderes ist als das Christentum. Das war ein neues Element des Kampfes, das besonders stark Ihnen entgegentreten kann, wenn Sie verfolgen den Kampf, den die Könige von Frankreich, die verbündet waren mit dem Papste, zu führen hatten gegen den Grafen von Toulouse, der ein Protektor der südfranzösischen Ketzer war. Und so etwas findet man auf allen Gebieten… So dass, während sich die Verhältnisse bildeten, die ich geschildert habe, es auch überall solche Ketzer gab, die aber eigentlich Christen waren, welche heftig angefeindet wurden, die oftmals sich stille hielten, allerlei Gemeinschaften gründeten, Geheimnis breiteten über das …

Was rein politisch geworden war [die Kirche], hatte nötig, einen künstlichen Enthusiasmus zu erzeugen, und im wesentlichen war die Art, wie von päpstlicher Seite die Kreuzzüge betrieben wurden, dazu bestimmt, neuen Enthusiasmus in die Leute hineinzugiessen.* Jetzt aber fanden sich solche Menschen, die eigentlich aus den Reihen der Ketzer hervorgingen, die in der geraden Fortentwicklung der Ketzer liegen. Besonders charakteristisch, repräsentativ für diese Ketzerleute, die aber das Christentum sich angeschaut hatten, war *Gottfried von Bouillon*. Denn Gottfried von Bouillon wird in der Geschichte immer entstellt. Es wird immer in der Geschichte so dargestellt, als ob *Peter von Amiens* und *Walter von Habenichts* zuerst gezogen sind, nichts Rechtes haben ausrichten können, und dann, unter denselben Tendenzen sei Gottfried von Bouillon mit anderen nach Kleinasien gezogen, und die hätten nur dasselbe fortsetzen wollen, was der Peter von Amiens und der Walter von Habenichts hätten machen sollen. Davon kann aber gar nicht die Rede sein…

Gottfried von Bouillon und die anderen, die mit ihm verbunden, waren wesentlich – auch wenn sie das äusserlich nicht so zur Schau trugen, aus den Gründen, die ich auseinandergesetzt habe – aus den Reihen der Ketzer hervorgegangen. Und für diese war das Ziel zunächst ein christliches: sie wollten mit Hilfe der Kreuzzüge, indem sie in Jerusalem ein neues Zentrum gegen Rom begründeten, ein wirkliches Christentum an die Stelle des Christentums in Rom setzen. Die Kreuzzüge waren von <u>denjenigen, die</u> gewissermassen in ihre eigentlichen Geheimnis-

* Sie ermöglichten es Rom auch, den Auszug und den Tod von Menschen zu lenken, die sein Wesen erkannt haben.

se eingeweiht waren, gegen Rom gerichtet. Und das geheime Losungswort der Kreuzzügler war: Jerusalem gegen Rom. – Das ist dasjenige, was in der äusseren Geschichte wenig berührt wird, was aber so ist…

Aber das ging nicht. Das Papsttum war noch zu mächtig. Aber was da zustande kam, das war, dass man den Gesichtskreis erweiterte.

Die Kreuzfahrer erweiterten ihren Gesichtskreis sehr, konnten anknüpfen an dasjenige, was eigentlich verschüttet war, und daher wurde ihnen manches Geheimnis kund, das sie sorgfältig behüteten. Die Folge davon war, dass sie, weil sie nicht mächtig genug waren, ‚Jerusalem gegen Rom‘ durchzuführen, die Dinge weiter als Geheimnis behandeln mussten. So entstanden Orden, allerlei Bünde, welche gewisse christliche Dinge unter anderem Mantel, weil eben die Kirche mächtig war, in Orden und dergleichen bewahrten, die aber eben gegnerisch gegen die Kirche sind.

Damals hat sich eigentlich jene Differenz herausgebildet, die einem jetzt nur noch entgegentritt, wenn man wieder einmal irgendwo, sagen wir in Italien, eine Kirche besucht hat und wenn darinnen gerade einer gegen die Freimaurerei gepredigt hat: man sieht die Leute stehen, denen natürlich die Freimaurerei höchst gleichgültig ist; sie wissen gar keine Namen, aber der Pfarrer wettert auf der Kanzel gegen die Freimaurerei. Dieser Gegensatz zwischen Kirche und Freimaurerei – was trotzdem aus dem Ketzertum sich heraus entwickelt hat -, der hat sich im wesentlichen dazumal gestaltet. Diese und manche andere Erscheinungen könnte man anführen, wenn man im Konkreten, im einzelnen wirklich verstehen will, was in Wirklichkeit dazumal eigentlich geschehen ist". Im Zusammenhang mit den Gegensätzen zwischen den Kirchenleuten und den Ketzern, "von denen eigentlich viele Christen waren im besten Sinne des Wortes", stehen auch die Dinge, die dann zur Reformation führten. (GA

180, S. 324–327, 17.1.1918)

* * *

Mit der Zeit errang die Freimaurerei im Kampf mit dem Papsttum, mit Rom grosse Erfolge. Die Notwendigkeit, in einer „illegalen Position“ zu verharren, entfiel gewissermassen. Dies konnte nicht anders sein, denn der „Wind“ der Geschichte, des Fortschritts, liess ihre Segel blähen. Nicht einmal so extreme Mittel wie die Inquisition halfen Rom weiter. Doch bereits im 18. und 19. Jahrhundert stellten sich der Freimaurerei andere Schwierigkeiten in den Weg. Der Grund für diese lag darin, dass es für den Menschen erforderlich war, im Prozess der Kulturwerdung, um der Entwicklung der Stufe des niedrigeren, abstrakten Ich-Bewusstseins (das die Voraussetzung für den Erwerb eines höheren Ich bildet) willen, die Epoche des Materialismus, der materiellen Kultur, die Epoche des völligen Verlustes der Verbindung mit dem Übersinnlichen durchzuschreiten. Im toten, verstandesmässigen, jedoch streng geordneten Denken musste er ein „Ich“ entwickeln, das von dieses Denkens Gnaden lebt.

Mit dieser Schwierigkeit vermochte die Freimaurerei nicht fertig werden. Sie geriet in eine tiefe Krise. Um diese zu begreifen, müssen wir abermals Rudolf Steiner zu Rate ziehen, weil ausser ihm niemand hiervon berichtet hat. Das Wissen hierum blieb in den Zentren der Geheimgesellschaften verborgen.

So erklärt uns Rudolf Steiner, dass die Morgenröte der materialistischen Kultur unter der Losung „Erkühne dich, dich deiner Vernunft zu bedienen!“ begann. Hierzu riefen der Philosoph von Königsberg, Voltaire und Rousseau auf.

„Auf dieser Gesinnung fusst der gesamte Materialismus, die ganze Kultur des 19. Jahrhunderts und alles, was für Freiheit, Gleichheit und Brüderlichkeit errungen worden war…

Gross war der beschränkte Verstand des 19. Jahrhunderts, und es ist ein tiefes Gesetz der geistigen Weiterentwicklung,

44

dass der Materialismus und der Spiritualismus sich verhalten wie zwei Gewichte, von denen, sobald das eine sich vergrössert und die Waagschale nach unten geht, das andere auf seiner Waagschale hinaufschnellen muss…

Und am Ende des 18. Jahrhunderts waren wie leuchtende Sterne im Untergang einzelne grosse spirituelle Individualitäten aufgetaucht, Individualitäten, die nicht verstanden wurden und von denen man nicht wusste, was sie meinten, wenn sie von einer geistigen Welt sprachen, auch Zeugnis davon gegeben haben, dass es eine solche Welt gibt. Wie Meteore leuchteten sie auf. Aber man verstand sie nicht. Eine solche Persönlichkeit war der vielverkannte St. Germain…

Diejenigen, die etwas gewusst haben vom spirituellen Leben, mussten es verborgen halten hinter äusseren Symbolen und Sinnbildern. Verborgen waren die geistigen Quellen, welche durch das Rosenkreuzertum jahrhundertelang geflossen sind…

Man sagte: Die Rosenkreuzer wären ausgewandert nach dem Orient [wo sich das spirituelle Leben noch bewahrt hatte, G.B.] und hätten sich verbunden mit den grossen Bruderschaften des Ostens. Wenn in diesen Zeiten des 19. Jahrhunderts jemandem etwas dämmerte von Sehnsucht nach einem spirituellen Leben, von Sehnsucht nach höherer geistiger Erkenntnis, dann musste er sich nach dem Osten hinwenden…

Die europäischen und die amerikanischen Brüderschaften… hatten aus gewissen Gründen nicht die Kraft und nicht die Aufgabe, den Strom des materiellen Lebens einzudämmen…

Wer nun sieht hinter die Kulissen des äusseren materiellen Lebens, der weiss, dass in den Zeiten, in denen solche Dinge vorgingen wie in der Mitte des 19. Jahrhunderts, ein recht bewegtes, ein recht sturmvolles Leben hinter diesen Szenen herrschte. Und es herrschte ein sorgenvolles Leben bei den Geistern, die sich noch Spiritualität erhalten hatten; ein sorgenvolles Schauen nach der Zukunft herrschte bei allen spirituellen Bruderschaften, als durch die materielle Kultur vollständig versiegte das spirituelle Leben.

Selbst bei denen, die am tiefsten eingeweiht waren in die Geheimnisse, war es keine Leichtigkeit, sich klar zu werden, was unter den verhängnisvollen Zeichen der Zeit zu tun sein. Es begann die grosse Frage sich in den okkulten Gesellschaften breitzumachen: Wie kann dem Menschen klargemacht werden, dass der Raum, der uns umgibt, in seinen Wirkungen Geistigkeit zur Grundlage hat? Es ist nicht nur notwendig für die Menschheit, immer zu der Welt der Ursachen aufzublicken. Es ist auch gefährlich… und namentlich in einer Zeit, in welcher sich die materielle Kultur, Denkweise und Gesinnung so tief der Menschengemüter bemächtigt hatte". Es war ein Versuch mit dem Spiritismus gemacht. Doch „bald mussten diejenigen, welche über die Zeit Wache halten… sich klar werden darüber, dass etwas ganz anderes notwendig ist…" (Vortrag vom 5. Mai 1904; noch unveröffentlicht.)

Als Ergebnis all dessen erfolgte innerhalb der Freimaurerei eine tiefe, tragische Spaltung: „Diejenigen Mitglieder dieser Brüderschaften, welche vor allen Dingen Rechnung tragen wollten den Forderungen der Zeit, sie waren bis zu einem gewissen Grade von den besten Absichten beseelt, und sie waren es, welche unter dem irrtümlichen Impulse standen, mit dem Materialismus der Zeit rechnen zu wollen; sie waren es, welche vorzugsweise darauf bedacht waren, den Menschen, die eigentlich nur auf physischem Wege etwas wissen wollten, gerade auf materialistische Weise auf diesem physischen Wege, ich möchte sagen, etwas beizubringen von der geistigen Welt. Es war also gut gemeint, als in den vierziger Jahren von dieser Seite der Spiritismus in die Welt hineinlanciert worden ist. Notwendig war es in der Zeit dieses Kampfes, in der, wie ich angedeutet habe, auf Erden vorzugsweise herrschen sollte der kritische Geist, der bloss auf die Aussenwelt gerichtete Verstand, notwendig war es, den Menschen wenigstens eine Empfindung, ein Gefühl dafür beizubringen, dass es eine geistige Welt um die Menschen herum gibt. Und nun, wie eben Kompromisse zustande kommen, so kam auch dieser Kompromiss zustande. Diejenigen Mitglieder solcher Brüderschaften, die sich durchaus ablehnend verhielten gegen die Bekanntgabe gewisser spiritueller Wahrheiten an die Menschheit, die sahen sich, ich möchte sagen, majorisiert, mussten sich herbeilassen, der Sache zuzustimmen. Es war nicht ihre ureigene Absicht, diese Dinge in die Welt zu setzen, die mit dem Spiritismus zusammenhingen. Wo es sich um Körperschaften handelt und der Wille der Körperschaften vorliegt, da hat man es mit Kompromissen zu tun. Aber natürlich, wie es äusserlich im Leben ist: wenn in irgendeiner Körperschaft etwas beschlossen wird, so erwarten da nicht nur diejenigen etwas von dem Beschlossenen, welche aus ihren eigenen Absichten heraus die Sache in Szene gesetzt haben, sondern auch jene, die ursprünglich dagegen waren, erwarten das eine oder das andere davon, wenn es einmal beschlossen ist.

So waren denn gutmeinende spirituelle Mitglieder der Brüderschaften der irrtümlichen Ansicht, dass durch die Benützung der Medien die Menschen von dem Vorhandensein einer geistigen Welt um sie herum überzeugt werden würden; dann würde man ihnen auf Grundlage dieser Überzeugung weiter höhere Wahrheiten beibringen können…

Denn diejenigen, welche sich haben überstimmen lassen, waren natürlich aufs äusserte betrübt darüber, dass in den spiritistischen Sitzungen – zuweilen mit Recht – von Manifestationen der Geister Verstorbener geredet werden konnte. Die gutmeinenden fortschrittlichen Eingeweihten, die erwarteten überhaupt nicht, dass von Toten gesprochen würde, sondern sie erwarteten, dass von einer allgemeinen elementaren Welt gesprochen würde; auch sie waren also enttäuscht…

Und nun haben wir – ausser den bereits angeführten Mitgliedern von Brüderschaften – solche Mitglieder anderer Brüderschaften oder zum Teil auch derselben, worinnen sich Minoritäten, manchmal auch Majoritäten bilden können; wir haben andere Eingeweihte zu beachten: jene, welche genannt werden innerhalb der Brüderschaften „die Brüder der Linken", also jene, welche vor allen Dingen ausnutzen ein jegliches, was als Impuls der Menschheitsentwicklung einverleibt wird, im Sinne einer *Machtfrage*. Und selbstverständlich, diese Brüder der Linken erwarteten nun auch ihrerseits allerlei von dem, was durch den Spiritismus zutage trat. Ich habe gestern bemerklich gemacht, dass es solche Brüder der Linken vor allen Dingen waren, welche die Veranstaltungen mit den Seelen der toten Menschen gemacht haben" (und welche durchs Verbreiten der materialistischen Weltanschauung und durch gewisse Manipulationen manche Menschenseelen so präparierten, dass diese nach dem Tode in der Erdsphäre blieben und in den Bereich der Machtsphäre der linken Brüderschaften kamen). „Für sie war vor allen Dingen das interessant, was durch die spiritistischen Sitzungen herauskommen werde. Sie bemächtigten sich nach und nach des ganzen Feldes. Die gutmeinenden Eingeweihten verloren nach und nach alles Interesse an dem Spiritismus, fühlten sich in einer gewissen Weise sogar beschämt, weil diejenigen, die den Spiritismus von Anfang an nicht wollten, ihnen sagten, das hätte man von Anfang an wissen können, dass mit dem Spiritismus jetzt nichts herauskommen kann. Dadurch kam aber gerade der Spiritismus in die Machtzone, ich möchte sagen, der Brüder der Linken". (GA 178, S. 195–197, 19. 11. 1917)

In der äusseren Welt wurde der Spiritismus auch von den „Brüdern des linken Wegs" diskreditiert. Aber für sich selbst behielten sie ihn, und – dies gilt es hervorzuheben – das Medium bleibt für sie bis zum heutigen Tage das einzige Mittel der praktischen Verbindung mit dem Übersinnlichen. Und gerade die Brüderschaften dieser Art stehen in Verbindung mit der rechten

Spitze des umgekehrten Pentagramms, das wir im zweiten Teil gezeigt haben.

Doch wie verhielten sich die wohlwollenden Eingeweihten? Erstens begriffen sie, dass die, welche „durch den Spiritismus überzeugt wurden, nicht moralisch besser (wurden) mit dieser Auffassung, blieben also ohne sittliche Hebung. Zweitens aber erwies sich diese Art von Anschauung… als ungünstig – nach dem Tod. Denn solchen, die sie hatten, wurde der Zustand im Kamaloka nicht leichter, sondern schwerer. Zu allem übrigen brachten sie nämlich noch das Verlangen mit, alles Geistige materiell durch die Sinne befriedigt zu sehen, weil eine jede derartige Anschauung als Kamaloka-Eigenschaft auftritt. Es war eine drückende Schwere, die sich bleiern auf die Toten legte. Das war der Grund, dass die Eingeweihten sich sagten: So geht es nicht weiter. Also irrten sich die Eingeweihten – wird man hier einwenden. Aber auch Eingeweihte müssen ihre Erfahrungen sammeln und erproben. Da beschloss man ziemlich einstimmig in der grossen Gemeinschaft der Okkultisten, nachdem sich dieses äussere Mittel nicht bewährt hatte, einen anderen Weg einzuschlagen, einen inneren, den theosophischen Weg. Was will dieser? Er will dasjenige, was im Menschen selbst als Geist lebt, kennenlernen". (GA 97, S. 274–275, 25.4.1906)

Von ihnen wurde gewissermassen eine „Mittelsperson" gefunden, die fähig war, ihre Zeit sowie die vor ihr stehenden Aufgaben zu begreifen. Als diese Vermittlerin erwies sich Helena Blavatsky:

„Durch sie ist das Tor wieder eröffnet worden, durch welches die Spiritualität zu uns dringen kann. [Doch gab es] ungeheure Schwierigkeiten, die ihr auf ihrem Weg begegneten." (Vortrag vom 5. Mai 1904.)

Wer die Schwelle zur übersinnlichen Welt überschritten hat, erläutert Rudolf Steiner, weiss, was für Kräfte den Menschen dann bestürmen. Ausserdem fühlte Blavatsky sich selbst der Aufgabe, vor der sie stand - der Welt auf offenem Wege spirituelles Wissen zu schenken –, nicht gewachsen. Die „Brüder der Linken" begannen mit ihr ein unwürdiges Spiel. Als sie ihnen mit Entlarvung drohte, schlossen sie in eine Art „okkultes Gefängnis" ein (eine schwarzmagische Manipulation), was ihre Verbindungen zur Aussenwelt ungemein erschwerte. Gewissermassen aus diesem Gefängnis befreit wurde sie von „linken Brüdern" der indischen Eingeweihten, aber sie geriet dann in Abhängigkeit von ihnen.

Die Mission Helena Blavatskys war vereitelt worden, doch die Aufgabe, der Menschheit eine neue geistige Offenbarung zu bringen, wurde mit neuer und diesmal unvergleichlich grösserer Kraft von Rudolf Steiner übernommen. Auch er wurde von den „Brüdern des Schattens", und natürlich auch von den „Vätern der Finsternis", auf furchtbare Weise attackiert. Und heutzutage bleibt die Frage nach dem Einzug der Anthroposophie in die breite Welt der Zivilisation und Kultur offen. Schliesslich ist fast niemand mehr übrig geblieben, der diesen Impuls den Menschen bringt, zumal alle anthroposophischen Initiativen durchsetzt sind mit Mitgliedern von Brüderschaften und Orden, deren Dekadenz nur noch weiter zunimmt.

Es gilt noch darauf hinzuweisen, dass Helena Blavatsky zur selben Zeit lebte wie Albert Pike. Sie starben sogar im selben Monat desselben Jahres.[*]

Pike galt als Reformator des „alten und überlieferten schottischen Ritus", in dem er bis zum 33. Grad aufstieg. Er war „Grosskommandeur des Obersten Rats der südlichen Jurisdiktion". In anderen Worten, er spielte in der amerikanischen Freimaurerei praktisch die Führungsrolle. Und wir glauben, dass Blavatsky ohne sein Wissen, ja seine Beteiligung kaum zur Zielscheibe schändlicher okkulter Attacken geworden wäre. Pike war ja eigentlich ein namhafter Vertreter der „Brüder der

[*] Blavatsky erhielt 1878 nach einer „Sonderbestimmung" die amerikanische Staatsbürgerschaft.

Linken". Nachdem er den „schottischen Ritus" reformiert hatte, passte er ihn anscheinend den Zielen der okkult-politischen Manipulationen der Menschheit an, die von den Geheimgesellschaften betrieben werden. (Nicht zufällig war er auch der einzige General, dem man in den USA ein Denkmal errichtet hat.)

Bei Rudolf Steiner kann man zu diesem Thema noch das folgende lesen: „Blavatsky kam in Berührung mit den Kulthandlungen westlicher Bruderschaften. Diese wirkten ungeheuer auf sie… Man wollte sie aufnehmen (in Grand Orient de France), trotz der bisher streng innegehaltenen Vorschrift, dass keine Frauen aufgenommen werden dürfen. Aber sie war eine ehrliche Seele. Man erkannte, dass durch sie dem Grand Orient der Todesstoss versetzt würde, und die Aufnahme kam nicht zustande. Ebenso erging es ihr in einer Bruderschaft Amerikas. Wäre sie aufgenommen worden, so wäre durch sie, die ungeheure spirituelle Kräfte besass, trotz ihrer Fehler und Unvollkommenheiten, bewirkt worden, dass die dunklen Mächte in diesen Bruderschaften nicht so die Überhand erhalten hätten und eine Folge davon wäre gewesen, dass die heutigen furchtbaren Ereignisse nicht möglich gewesen wären". Weiter berichtet Rudolf Steiner, dass das Zentrum aus dem alle diese unheilvollen Einflüsse ausgehen, nicht der Grand Orient ist – dieser ist ganz veräusserlicht; dieses Zentrum ist in England zu suchen (die Vortrag ist im Winter 1916–1917 gehalten; nicht veröffentlicht) und – fügen wir von uns hinzu – auch in den USA, wo die "Brüder der Linken" schon damals mit jenem Zentrum in Grossbritannien konkurrierten und zu gleicher Zeit eng zusammenarbeiteten. Also dort sind die Quellen der unaussprechlichen Menschheitsleiden der letzten hundert Jahre. Gleichzeitig wird es auch klar, wo man die Kräfte der Befreiung davon suchen soll.

* * *

Nach vielen Jahrhunderten tragischen Kampfes und

51

grosser Opfer, welche die „Ketzer" und Brüderschaften um der
Verwirklichung der Ideale von Freiheit, Gleichheit und Brüderlichkeit auf der Erde willen gebracht haben, gelang es ihnen im
18. und im 19. Jahrhundert schliesslich, in sozialer, politischer,
kultureller und wirtschaftlicher Hinsicht eine dominierende Position zu erringen. (Die Inquisition wurde 1834 abgeschafft.)
Die Welt trat in eine Epoche des Kampfes für den endgültigen
Sieg des Liberalismus und der Demokratie ein. Doch das machten sich die britischen Logen zu national-esoterischem Zwecken
zunutze. Sie hatten schon früher die Französische Revolution
inspiriert, und seitdem musste der evolutionäre Entwicklungs-
weg immer mehr dem revolutionären weichen. Der politisierte
britische Okkultismus begann den Kampf um die Vorherrschaft
des britischen Imperialismus auf der Welt.

Man darf dies nicht einfach als triviale Verschwörung
betrachten. Diese Absicht ergab sich auch aus den natürlichen
Besonderheiten des englischen Volkes, in dessen Mitte sich die
höchste Form der menschlichen Seele – die Bewusstseinsseele
– entwickelt. Doch im okkulten Sinne bedeutete das Verhalten
der britischen Logen einen Verrat an den wirklichen Zielen der
Entwicklung, was heisst, dass es „schwarze Magie" war. Rudolf
Steiner sagt: „Überall da wird das real, wo im Dienste nicht der
ganze Erdenführung, sondern im Dienste irgendeiner begrenz-
ten Körperschaft, die keinen Zusammenhang haben will mit der
Erdenführung, im Dienste der Menschheit okkulte Geheimnisse
ins Werk gesetzt werden… Wenn das, was der ganzen Menschheit dienen soll, verwendet wird in dem Dienst einer abgeson-
derten Rasse, um dieser Rasse die Oberherrschaft über die Erde
zu verschaffen, dann ist das *in grossem Massstabe schwarze
Magie*; denn es geschieht nicht im Einklang mit der Erdenführung". (Vortrag vom 21. Oktober 1907; noch nicht publiziert.)

Der allgemeine Triumph dieser Magie prägt auch unsere
heutige Welt. Und sie ist in dieser Beziehung nicht „einpolig".

Die „Väter der Finsternis" mögen zwar auf der äusseren Ebene nicht mehr an der Oberlenkung der Welt sein, haben ihre Positionen jedoch keinesfalls an die „Brüder des Schattens" abgetreten. Sie haben lediglich die Form des Kampfes geändert, der seinem Wesen nach ebenfalls mit okkult-politischen Mitteln geführt wird.

Die Französische Revolution bedeutete den Auftakt zu einem unversöhnlichen Kampf zwischen zwei Modellen der Weltherrschaft, d. h. des Globalismus. *In diesen Modellen erfolgte eine Sozialisierung zweier kosmischen Antagonisten: Luzifer und Ahriman.* Somit erhielt der irdische sozial-politische Kampf um den Menschen eine kosmische Dimension. *Und nur in diesem Sinne kann man ihn tatsächlich begreifen.* Wer dies nicht zu tun wünscht, wird mit den verschiedenartigsten, teils groben, teils raffinierten Mitteln der Ideologien und der Propaganda, aber auch aufgrund seiner Vorurteile und seinem Egoismus auf der einen oder anderen Seite in diesen Kampf hineingezogen. In unserer Zeit hat dieser fünf Schattierungen erhalten. Dieser Kampf ist nicht dialektischer Natur. Sein hauptsächlicher Widerspruch kann nie zur Synthese kommen. Die Synthese erfolgt von anderer Seite – seitens des echten Christentums, das den Weg der Zusammenarbeit der Menschen mit den Göttlichen Hierarchie geht.

Um sich zu diesem Christentum zu bekennen, d.h. den Weg der gottgewollten Evolution zu beschreiten, ist es jedoch notwendig, sich eingehend mit deren kosmischen Widersachern sowie den Formen ihrer Sozialisierung auf der Ebene der sinnlichen Realität bekannt zu machen.

Ihr Wirken geht in die unendlichen Weiten der Vergangenheit zurück, aber solange der Mensch noch ein Gruppenbewusstsein besass und die göttlichen Wesenheiten dessen Entwicklung lenkten, waren sie wesentlich anders. Die Lage veränderte sich abrupt, als der irdische Mensch über das Vorrecht der reinen

Geisteswesen höchster Art – ein *individuelles substantielles Ich* – zu verfügen begann. Allzu gross ist diese Kostbarkeit auf der Welt, als dass zurückgebliebene Geister nicht die Begierde empfunden hätten, sie sich anzueignen. Die Verlockung, dies zu tun, nimmt auch aus dem Grunde zu, dass die Hierarchien mit dem Erwerb des Ich, selbst in seiner niedrigeren Form, durch den Menschen, die Lenkung der irdischen Entwicklung teilweise in die Hände der Menschen übergeben.

Um sich des Menschen-Ich zu bemächtigen, trachteten die zurückgebliebenen Geister, die zuvor sogar die Spaltung des Gruppenbewusstseins gefördert hatten, danach, den Akt des menschlichen Sündenfalls zu verewigen, indem sie das Pentagramm seiner ätherischen Kräfte in umgekehrter Position festhalten. Dies erfolgt entweder durch das Anhalten und Rückgängigmachen der Entwicklung oder mittels einer für das irdische Wesen des Menschen unerträglichen Beschleunigung seiner Entwicklung. Es findet seinen Ausdruck auch im linken Radikalismus, der nach einer permanenten Revolution dürstet, sowie im rechten Konservativismus, der sich dieser in jeder Hinsicht widersetzt. So stehen Ahriman und Luzifer einander im politischen Leben gegenüber. Daraus entsteht das Gesetz des abwechselnden Sieges bald der Revolution, bald der Reaktion. Und dieses „Karussell" wird kein Ende nehmen, wenn die Menschheit nicht von ihm absteigt. Das ist jedoch nur möglich, indem man sich aus der Kraft des individuellen Ich, die man mit Hilfe der Geisterkenntnis entwickeln kann, an Christus wendet. In der Geisteswissenschaft wird uns erklärt, dass das "luziferische Leben… in fortwährenden Anstrengungen in gewissen Zeiträumen (besteht), in der Erwartung, dass diese Anstrengungen ihren Erfolg haben, und in immer neuen Enttäuschungen". Hier kann man fragen: Und sie selber, diese Geister, verstehen sie das denn nicht? Warum ziehen sie daraus bloss keine Schlussfolgerungen?

Diese Frage, entgegnet Rudolf Steiner, entspricht

menschlicher und nicht luziferischer Weisheit: „Es haben das eben die luziferischen Mächte bisher jedenfalls nicht getan, sondern sie vergrössern immer wieder ihre Anstrengungen, nachdem sie immer neue Enttäuschungen erlebt haben". (GA 171, S. 28–29, 17.9.16))

Genau so verhält sich Ahriman. Und wir fragen uns: Ist dieser ganze schauerliche Kreislauf der neuen Geschichte, besonders im 20. Jahrhundert, nicht eine buchstäbliche Wiederholung dessen, was die Schutzherren der luziferisierten und ahrimanisierten weltlichen Führer der Menschheit in der übersinnlichen Welt tun, nur eben auf irdischem Plan? Das können einfache Menschen verstehen, nicht aber jene Führer.

* * *

Dieser Art ist, kurz gesagt, die höhere Methodologie des sozialpolitischen Prozesses. Und wie wir sehen, ist es sinnvoll, sich mit ihr zu beschäftigen. In Übereinstimmung mit ihr verbinden sich nämlich die Knoten des „Untergangs Europas" und lösen sich wieder auf, und aus diesem Grunde sind sie einander ähnlich. Dabei nimmt die Polarisierung ihrer Hauptkräfte ständig zu. Wirklich, sie „vergrössern immer wieder ihre Anstrengungen". Und dies führt zu einer Barbarisierung des Lebens. Menschen kommen als Ergebnis einer *Selektion der Schlechtesten* an die Macht. Deshalb mahnte Rudolf Steiner bereits 1918: „Das ist auch etwas, was zum gesunden Wirklichkeitssinn und damit auch zum gesunden Menschenverstand gehört: eben einsehen diese Selektion der Schlechtesten." (GA 185a, S. 221 (24. 11. 1918)) Allerdings: „Es ist heute noch schwer, den Leuten klar zu machen, dass ihre Führer von unten bis oben ihre grössten Feinde sind; dass sie Schädlinge sind. Das muss man aber den Leuten auch nach und nach beibringen..." (GA 217a, S. 31 (16. 10. 1920)) Seit einem halben Jahr beweist das Leben in Europa dies besonders eindrücklich.

Um sich von dem illusionären Glauben an die guten Absichten der Machthaber zu befreien, muss man auch der Tatsache Rechnung tragen, „dass die staatliche Organisation im Westen überhaupt nicht zu verstehen ist – und Frankreich und Italien sind ja ganz infiziert davon –, ohne dass man die Durchsetzung mit dem Logentum ebenso ins Auge fasst, wie man in Mitteleuropa die Durchsetzung mit dem Jesuitentum oder mit anderen ebenso ins Auge fassen muss“. (GA 185, S. 225, 3. 11. 1918)

Wer das erfahren hat, wird vielleicht sagen: Ja in diesem Fall ist die Lage vollkommen hoffnungslos!

Zum Glück trifft dies nicht zu. Der Grund dafür besteht darin, dass alle zurückgebliebenen Geister im Verhältnis zu den Geistern des Guten und des Lichts zweitrangig sind; sie lassen sich kräftemässig überhaupt nicht mit ihnen vergleichen. Ihre Macht über den Menschen hält sich einzig und allein dank seines Unwissens, seiner Ignoranz in Fragen der Spiritualität. Seine Lage bleibt so lange hoffnungslos, als er freiwillig im Kerker des Materialismus verharrt oder den „Sirenenklängen“ eines vollkommen luziferisierten Spiritualismus Gehör schenkt, der sich letzten Endes lediglich als maskierte Form des Materialismus erweist. All dies verstehen heisst den Grundstein zu seiner Freiheit legen.

* * *

Man kann nicht behaupten, den metaphysischen Wandel des irdischen Kampfes um den Menschen habe überhaupt niemand vorausgeahnt. In gewissen künstlerischen Schöpfungen sind nämlich wiederholt solche Vorahnungen zutage getreten. Obgleich der Materialismus in der Neuzeit der Geistigkeit sämtliche Fenster zuschlagen will, versucht die Welt der höheren Wesen, den Menschen zu helfen, indem sie manche Schriftsteller inspiriert, die allerdings selbst nur sehr unvollkommen verstehen, was ihrer Feder entspringt. Eine Frucht dieser Inspirati-

56

onen ist zweifellos der Roman „1984“, geschrieben im Kerker des Materialismus, dessen Autor leider gar nicht auf die Idee gekommen ist, dass sein Werk ihn aus diesem Kerker herausführt. George Orwell enthüllte den Charakter einer globalen Welt, die voll und ganz unter die Herrschaft Ahrimans geraten ist, obwohl sich in ihr noch manche luziferische Züge erhalten haben. Auch dies ist gesetzmässig, weil es Luzifer und Ahriman trotz ihrer kosmischen Gegnerschaft versagt bleibt, einander zu vernichten und aus der Welt auszuschliessen.

Eine von Luzifer gesteuerte globale Welt hat der russische Biologe Konstantin Mereschkowski in seinem utopischen Roman „Das irdische Paradies“ genial geschildert. Wie bekannt, gehört die Idee, ein Paradies auf Erden zu errichten, der ahrimanisierten Ideologie von Marx, Lenin, Trotzki etc. an, doch auch die „Menschen Luzifers“ beabsichtigen ein solches zu schaffen, selbst wenn sie mit diesem Paradies vollkommen andere Vorstellungen verbinden. Allerdings haben beide Paradies-Modelle etwas gemeinsam: *in der Einen wie in der Anderen ist die Entstehung der freien Persönlichkeit ausgeschlossen.*

Mereschkowskis Roman erschien im Jahre 1903 in Berlin zugleich in russischer und deutscher Sprache. Er wurde von der Presse völlig totgeschwiegen, und durch ein Wunder haben manche Exemplare der Originalauflage bis in unsere Tage überlebt. Der Roman ist ungewöhnlich rätselhaft, vor allem dank der Präzision, mit der sein Verfasser die Ereignisse des 20. und 21. Jahrhunderts vorausgesehen hat. Wir gestatten uns, wenigstens die hauptsächlichen weltanschaulichen Thesen dieser Utopie für unsere Leser kurz zu paraphrasieren, da es unserer Meinung nach keinen anderen Text gibt, welcher das Wesen des rechten Globalismus, den die „Väter der Finsternis“ zu errichten trachten, dermassen verständlich und dermassen treffend enthüllt.

Konstantin Mereschkowskis Aussagen zufolge ist er selbst aufgrund seiner eigenen Überlegungen auf seinen Plan zur Umgestaltung der Welt gekommen und hält diesen für den besten von allen, die den Menschen bisher in den Sinn gekommen sind. Einen solchen Plan, meint er, hätten nur Jesuiten zu verwirklichen vermocht. Die Schilderung dieses Plans im Roman ist eine wahrhaftig blendende Illustration all dessen, was man aus den Mitteilungen Rudolf Steiners zu diesem Thema erfahren kann. Wir sind nicht ganz überzeugt, dass der Autor ein so schlichter Mensch war, wie er zu sein vorgab.

Im Vorwort zu seinem Roman bezeichnet sich Mereschkowski als Anhänger einer Weltanschauung, die er „Terrismus" (von „Terra", Erde) nennt. Zu dieser Weltanschauung, schreibt er, müsse sich unabhängig von seinen persönlichen Ansichten jeder bekennen – der Idealist, der Theosoph etc. Laut Mereschkowski haben die Menschen „nicht nur das Recht, sondern auch die *Pflicht* – eine Pflicht, die sowohl der Vernunft und der Logik als auch dem Gefühl des Mitleids zu den Menschen entspringt –, sich *ausschliesslich für irdische Dinge* zu interessieren und sich *ausschliesslich mit irdischen Dingen* zu beschäftigen, die Beschäftigung mit himmlischen Dingen jedoch den Bewohnern des Himmels – sofern es solche gibt – zu überlassen". Die Organisation der irdischen Dinge muss in die Hände einiger weniger gelegt werden. Diese soziale Ordnung nennt der Autor „paternalistisch".

Der Roman ist in Form einer Utopie geschrieben, was es dem Verfasser erlaubt, das, was ideenmässig bereits zu seiner Zeit existierte, bis zu seinem logischen Ende zu entwickeln und die letzten Konsequenzen daraus zu ziehen. In unserer Zeit kriecht es sozusagen aus allen Winkeln hervor; es nimmt tausend verschiedene Formen an – in der Philosophie, der Soziologie, der Kunst, der Politik und schliesslich in den gesellschaftlichen Aktivitäten.

Der Held des Romans ertrinkt um ein Haar im Meer; er verliert das Bewusstsein, und nachdem er wieder zu sich gekommen ist, findet er sich in der Welt der Zukunft wieder. Es hat ihn ins 27. Jahrhundert verschlagen, in dem, etwas vereinfacht ausgedrückt, der Rechtsglobalismus auf der ganzen Welt triumphiert hat. Die Zahl der Menschen ist bequemlichkeitshalber auf einige Millionen reduziert worden, und die gesamte Menschheit lebt jetzt in der äquatorialen Zone, in einem warmen Klima, wo die Lebensbedingungen keine komplizierte Technik und keine Massenproduktion erfordern und man es sich deshalb erlauben konnte, den technischen Fortschritt zu stoppen.

Die Menschen sind ganz und gar infantil. Sie tun den ganzen Tag nichts anderes, als zu spielen; sie wirken kindlich jung, direkt und vertrauensselig wie Kinder; sie kennen keine Kleidung und dürfen ihre sexuellen Wünsche ohne jede Behinderung ausleben. Die Sexualität ist zum gewöhnlichen, alltäglichen Bedürfnis geworden. Das Gebären von Kindern obliegt jedoch einzig und allein einer besonderen Gruppe von Frauen mit einwandfreiem Erbgut. Alle leben in kleinen Gemeinschaften unter der Obhut einer kleinen Schicht von Erziehern und Lehrern. Es existiert auch eine Kaste von Sklaven, die alle bedienen. Im grossen ganzen erinnert die Lebensweise dieser „glücklichen" Menschheit an die antike, nur bringt sie keine Kunstwerke hervor, und Musik wird nur *mechanisch* erzeugt.

Der Romanheld unterhält sich mit dem Lehrer einer Gemeinschaft, und dieser erzählt ihm, wie es gelungen ist, die Welt in diesen glücklichen Zustand zu versetzen. Das 19. Jahrhundert, meint er, „trug das Siegel der Unbestimmtheit; es war eine Mischung von Wissenschaft und blindem Glauben, industriellen Erfindungen und Militarisierung, Kapitalismus und Sozialismus, dem Aufstieg des Nationalstolzes und der Entwicklung des Kosmopolitismus". Daraus kristallisierte sich nach und nach ein Streben nach der „Gleichheit im Bildungswesen" heraus, was dem ganzen 20. Jahrhundert eine besondere Färbung verlieh. „In der Mitte des 20. Jahrhunderts wurde mittlere Schulbildung in vielen Ländern für alle Bürger obligatorisch“. Infolgedessen besassen die arbeitenden Massen mit der Zeit „weitaus mehr Kenntnisse als Brot“. Die Gleichheit im Bildungswesen erzeugte den Wunsch nach sozialer Gleichheit. Immer mehr Länder gingen zur sozialistischen Ordnung über. Allerdings nicht alle: England, Amerika, Deutschland „wollten diesen ‚Träumereien‘ ein Ende setzen, was nicht ohne Blutvergiessen abging“.

Da die Umwälzungen, die sich auf der Welt zutrugen, nicht auf den Idealen der Sittlichkeit, sondern auf materiellen Erwägungen beruhten, begannen „die Einwohner der armen Länder in die reichen Länder auszuwandern…, bis letztere schliesslich dermassen übervölkert waren und ein solcher Überschuss an Arbeitskräften herrschte, dass man anfing, die Immigranten abzuschieben; ihre weitere Zuwanderung wurde stark beschränkt, mancherorts vollständig verboten.“ (All dies wurde im Jahre 1903 geschrieben!)

Eine Lösung der wirtschaftlichen sowie der anderen Probleme verhinderte der menschliche Egoismus, der in früheren Jahrhunderten harten Existenzkampfes unabdingbar gewesen war, jedoch unter den neuen Bedingungen nicht mehr taugte. Besonders zerstörerisch war der Geist des Individualismus und der Herzlosigkeit in der angelsächsischen Rasse gewesen, die „im 20. Jahrhundert ihre Herrschaft fast über den gesamten Erdball ausdehnte“. An die Stelle des früheren Kampfes einzelner Menschen gegeneinander trat der Kampf „menschlicher Gruppen, jede mit ihren eigenen Interessen, die sich nicht mit denjenigen anderer Gruppen vereinbaren liessen“, der Kampf „wirtschaftlicher Einheiten“.

Die Weltherrschaft der angelsächsischen Rasse fusste auf dem sozialistischen Prinzip, doch um ihre Macht zu bewahren und die anderen zum Arbeiten zu zwingen, war es erforderlich, diese Macht unbegrenzt zu machen, was letzten Endes die Machthaber selbst korrumpierte. Alles kehrte in die alten Bahnen zurück: Von der sozialistischen Ordnung blieb nur noch ein Scherbenhaufen; die Banken, die Aktien, der Wucher, die Pleiten, das Lotterleben, die Trunkenheit usw. feierten ein fröhliches Auferstehen. „Und das Leben verstrich ohne Ziel, ohne Glauben und Zuversicht, ohne die Hoffnung", den Weg in eine bessere Zukunft „zu beschreiten; die Menschheit begann ‚nur vom Brot allein‘ zu leben. Doch ein solches Leben war für Menschen mit einem komplizierten Geist nicht auszuhalten; für solche Menschen war es schlimmer als der Tod".

Es begannen entsetzliche Zeiten. Da sich die Menschen der Ausweglosigkeit ihrer Lage mittlerweile bewusst waren, fielen sie der Verzweiflung anheim. „Und die Verzweiflung ist die Mutter des Grimms, und sie erfasste mit der Zeit alle. Alle Begriffe wurden auf den Kopf gestellt, es herrschte der Hass, die Menschen wurden zu Bestien… Es war wahrhaftig jene Zeit eingetreten, die in der Apokalypse beschrieben wird… Doch erscholl kein Posaunenklang; man hörte nur die Seufzer der Verzweiflung und der Verdammten".

Und dann bildete sich eine Geheimgesellschaft, die beschlossen hatte, dem leidgeprüften Menschengeschlecht ein Ende zu setzen. Die Mitglieder der „Gesellschaft" sprengten Städte in die Luft, vergifteten Flüsse, verbreiteten Seuchen. Damals wurde ein Mittel „ohne Geruch, Farbe und Geschmack" entdeckt, das die Männer unfruchtbar machte. Die „Gesellschaft der Vernichter", die sich in „Gesellschaft der Erneuerer" umbenannt hatte, beschloss, mit Hilfe dieses Mittels sämtliche Menschen mit ungünstigen Erbanlagen auszurotten. Sie entschied, das Experiment zunächst in einem einzigen Lande durchzuführen. Zu diesem Zweck kaufte sie der „Lateinischen Union" den Kongo ab und begann dort offen mit *„Experimenten zur künstlichen Selektion von Menschen"*. Die Angelsachsen verhinderten jedoch die vollständige Durchführung dieses Programms. Im „Kongo" (Paraguay?) wurde ein Pogrom inszeniert, das der

„Gesellschaft" freilich keinen nennenswerten Schaden zufügte.

„Dank unserem Reichtum", berichtet der Lehrer dem Romanhelden weiter, „und unserer Geschlossenheit schlichen wir uns überall ein, sowohl bei den Unseren als auch bei unseren Feinden… Die Asiaten beschlossen wir ausnahmslos auszurotten. Weder die mongolische noch die negroide Rasse sollte einen Bestandteil der neuen, erneuerten Menschheit bilden… Zur vollständigen Vernichtung erkoren waren auch die semitische Rasse, jedoch auch Völker wie die Armenier, Perser, Syrer etc., die schon seit alters her durch und durch verrottet waren und deren Charakter, durch Jahrtausende alte Erbanlagen geformt, sich unter keinen Umständen durch künstliche Auslese verändern liess." (Bemerken wir hier, dass wir – gewitzt durch die Erfahrung eines Jahrhunderts, wo dank den „Hirngespinsten" bei den fortschrittlichen Intellektuellen zunächst in London eine Gesellschaft zur Förderung einer neuen Wissenschaft namens „Eugenik" gegründet wurde und dann eugenisch-soziale Experimente in grossem Massstab durchgeführt wurden, von Lenin bis Pol Pot, als ganze Gesellschaftsschichten, die Blüte der Nation, als untauglich zur Schaffung des „neuen Menschen" erklärt und physisch ausgerottet wurden -, uns nicht mehr hinter der Behauptung verschanzen können, unserer Autor habe „seiner Phantasie die Zügel schiessen lassen").

„Die Völker erschraken bis ins Mark", fährt der Lehrer fort, „als sie unsere Pläne erkannt hatten und sahen, dass die Menschheit wie Schnee unter den Strahlen der Frühlingssonne schmolz! Sie erinnerten sich nun an das, was gewesen war, und machten sich hasserfüllt daran, uns aufzustöbern… Sie betrachteten uns als Ungeheuer und erklärten uns für vogelfrei". Doch es war zu spät. Die Völker starben aus, während sich die Mitglieder der „Gesellschaft" ungehemmt weiter vermehrten. Ihrer Sache förderlich war auch der Angriff Asiens – Chinas und Japans – auf Europa, Amerika und Australien.

„Unsere kühne, gigantische, grandiose Verschwörung“, ruft der Lehrer aus, „die Verschwörung einer Handvoll Personen gegen die gesamte Menschheit, war von Erfolg gekrönt!“ Nun stellte sich die Aufgabe, „eine glückliche Menschheit zu schaffen. Eine solche Aufgabe muss man mit sauberen Händen anpacken“. Es war erforderlich, auch die eigenen Reihen, die sich mit der Durchführung der Massenvernichtung beschmutzt hatten, gründlich zu säubern. (Ein weiteres Rätsel: Diese Aussage trifft voll und ganz auf den stalinistischen Terror der Jahre 1935 bis 1939 zu.)

„Im übrigen wurde beschlossen, dass die Menschheit aus ,kindlichen Menschen, einfachen und naiven Geschöpfen‘ bestehen müsse.“ Solche können freilich nicht ohne Erwachsene existieren, ihre Beschützer und Lenker. Und aus völlig zurückgebliebenen, „halb tierischen Menschen“ beschloss man „eine besondere Rasse von Sklaven“ zu schaffen, „bei denen der Instinkt Bewusstsein und Vernunft überwiegt“.

Es wurden theoretische Prinzipien der „Erneuerung“ entwickelt; dazu gehörte auch folgendes: „Die Menschheit kann nicht glücklich sein, solange die Menschen sich nicht auf dem Wege der künstlichen Selektion fortpflanzen und nicht den Kindern gleichen.“ Eine solche Menschheit kann ohne Beschützer ebenso wenig glücklich leben wie ohne Vereinfachung des Lebens, ohne Sklaven, „denn die Arbeit war stets der Quell aller Übel auf Erden“. Die Sklaven dürfen sich bei der Ausführung ihrer Arbeit ihrer Stellung jedoch nicht bewusst sein, etc.

Zur Schaffung einer neuen Menschheit wurden 650 Frauen und 25 Männer „lateinischer Rasse“ mit einer kleiner Zugabe „slawischen Bluts“ ausgewählt. Doch zu guter Letzt begnügte man sich mit einem einzigen Mann, von dem durch künstliche Befruchtung die ganze Menschheit entstand. (Genau wie in der Genesis!) Die Menschheit war zahlenmässig nicht gross und umfasste lediglich drei Millionen Angehörige. Sie erhielt neue

Gebote, zehn an der Zahl:

„1. Seid einfach und naiv wie die Kinder.

2. Kostet auf Erden die irdischen Freuden aus…

3. Liebt eure Beschützer und gehorcht ihnen.

4. Müht euch nicht ab, um euch Nahrung zu verschaffen.

5. Verneigt euch nicht vor dem Fortschritt – er birgt die Hölle.

6. Vermehrt euch nicht über die Ziele der künstlichen Auswahl hinaus“, etc.

Nachdem sich unser Held, ein Mensch des 19. Jahrhunderts, den es ins künftige irdische Paradies verschlagen und den dieses restlos in seinen Bann gezogen hat, sich all dies angehört hat, äussert er schüchtern auch Zweifel: „Findet ihr denn nicht“, fragt er den Lehrer, „dass ihr hiermit das Niveau des menschlichen Geistes herabgedrückt habt?“

„Oh gewiss, gewiss!“, ruft der Lehrer aus, „wir haben das Niveau des menschlichen Geistes herabgedrückt! Wir haben ihn vereinfacht! Zu solchen Höhen, wie sie die Vertreter der früheren Menschheit bisweilen erreicht haben, schwingt sich keiner unserer Freunde [d. h. Zöglinge] auf und wird sich auch keiner je aufschwingen – dafür werden wir schon sorgen! … Alles, was wir vollbracht haben und noch vollbringen, alle unsere Grundsätze, alles, restlos alles, ist nichts anderes als die bewusste Verwirklichung jener einen grundlegenden Idee, der grössten aller Ideen, die je auf Erden erschienen sind – **der Idee der Vereinfachung des Geistes**… Wer weiss, vielleicht wird ihre Macht noch weiter zunehmen und sich verbreiten…, und sie wird eines Tages kosmischer Natur…

Bei den früheren Menschen war dieses Niveau [des Geistes] allzu hoch; ein solcher geistiger Aufschwung, solch hohe geistige Leistungen und Gefühle waren für den Menschen unnatürlich, sie waren unvereinbar mit dem Leben auf Erden, unvereinbar mit einem glücklichen Leben auf dieser.“

Anschliessend sagt der Lehrer etwas, was für jene, die fähig sind, mit geisteswissenschaftlichen Mitteln hinter den äusseren „Vorhang" des Lebens zu durchdringen, in höchstem Masse interessant und symptomatisch ist. „Sie haben unrecht", sagt er, „wenn Sie uns vorwerfen, dass wir nichts für die Vorbereitung der Menschen auf eine mögliche neue Existenz tun. Denn wenn all das so ist, wie Sie es sich vorstellen, werden unsere Menschen, wenn sie in einer anderen, geistigen Welt so erscheinen, wie sie sind, nämlich als unschuldige und gute Kinder, durchaus vorbereitet auf jedes beliebige neue Leben sein. Sie werden reines, unverdorbenes Material sein, aus dem man mit Leichtigkeit machen kann, was immer man will, und unsere Aufgabe besteht darin, dieses Material rein und unverdorben zu bewahren… Wir haben auch darin recht, dass wir die Menschen in Kinder verwandeln, ‚denn ihnen gehört das Himmelreich‘, wie ihr grosser Lehrer gesagt hat".

Wenn es sich aber erweisen werde, dass auch das Leben in der anderen Welt keine reine Wonne sei, schliesst der Lehrer, dass es auch dort Leiden gebe, dann, wer weiss, „vielleicht müssen wir auch dort dieselbe Arbeit leisten, die wir hier vollbracht haben; vielleicht wird unsere Aufgabe **auch dort** in der Vereinfachung des Lebens bestehen, in der Senkung des Niveaus des Geistes, mit dem Ziel, ihm ein zwar einfaches, aber dauerhaftes Glück zu bescheren!"

In langatmigen Anhängen zum Roman, in denen der Autor selbst Überlegungen zu diesem anstellt, schreibt er von der „Gesellschaft Jesu" – einem „kleinen Haufen kühner und geistig auserlesener Menschen". Einmal, in Paraguay, haben die Jesuiten „eine grosse, mehrere Millionen zählende Gruppe vollkommen glücklicher Menschen geschaffen – sie haben sie mit dem Knüppel ins Paradies gejagt. Selbst ein so erklärter und voreingenommener Feind der Jesuiten wie Griesinger sah sich gezwungen, das einzugestehen. Zwar äussert sich Griesinger wie alle heutigen Menschen, die unter der Hypnose der Idee des

Fortschritts und der Freiheit stehen, ironisch über dieses Glück, weil die Jesuiten in ihrem Reich in Paraguay alle Fetische der modernen Menschen zerstört haben – sie haben jede Freiheit, jede Aufklärung, jeden Fortschritt zerstört und all dies durch eines, nur durch eines, ersetzt – das Glück. Doch Griesinger misst letzterem keinen besonderen Wert bei; er würde keine Unze Freiheit gegen einen ganzen Zentner Glück eintauschen.

Arme, verrückte Menschen! Was haben sie denn von dieser Freiheit, was haben sie von ihrer Aufklärung, ihrer Zivilisation und ihrem Fortschritt, wenn sie dafür das Glück nicht kennen!

Ach! Kluge und klarsichtige Menschen waren sie, die Jesuiten. Wenn sie die Dinge nur ein wenig umfassender gesehen hätten, würde ich mich ohne zu zögern in ihre Hände begeben: Nehmt mich und führt mich direkt zum Glück. Nichts anderes verlange ich nämlich vom Leben.

Und dies bringt mich auf einen seltsamen Gedanken: Ich würde mich nicht wundern, wenn meine Utopie von niemand anderem als von dieser Gesellschaft Jesu verwirklicht würde."

Dafür müssten die Jesuiten nur begreifen, „dass ihre frühere Waffe – religiöses Gefühl und Vorurteile – unter veränderten Bedingungen nicht mehr wirksam sein kann, dass sie stumpf geworden ist und durch eine neue, schlagkräftigere und direktere ersetzt werden muss." Und sie ist bereits ersetzt worden, fügen wir hinzu. Wodurch, werden wir später sehen.

Und nun möge der Leser diese Utopie mit jener Orwells vergleichen und selber entscheiden, welcher der beiden er den Vorzug gibt. Genau diese Wahl wird der Menschheit in unseren Tagen, in denen die Welt mit rasender Geschwindigkeit ihr Antlitz verändert, aufgezwungen.

IV. Der zweite Knoten des „Untergangs Europas"

In der Struktur des ersten Knotens wirkte als deren Antrieb folgendes Kräftedreieck:

Russland knüpfte anfangs freundschaftliche Beziehungen zu Napoleon, doch dann säte England Zwietracht zwischen ihnen. Dies begriffen sowohl Napoleon als auch Alexander I. Und zeitgenössische Historiker haben Zeugenaussagen ausgegraben, denen zufolge nicht nur die Wühlarbeit von Geheimgesellschaften, sondern auch britisches Gold im Spiel war.

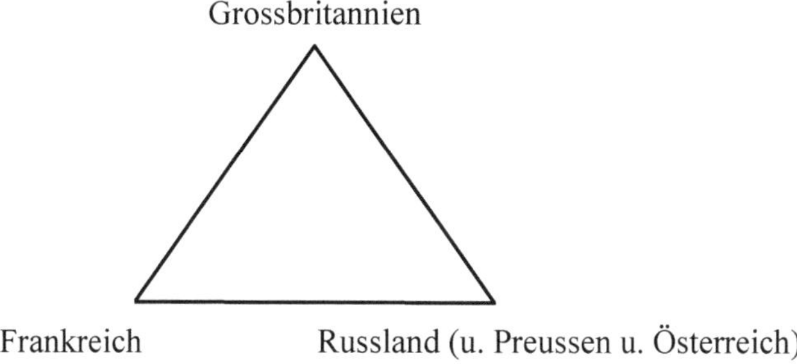

Im zweiten Knoten sah das Kräftedreieck nun so aus:

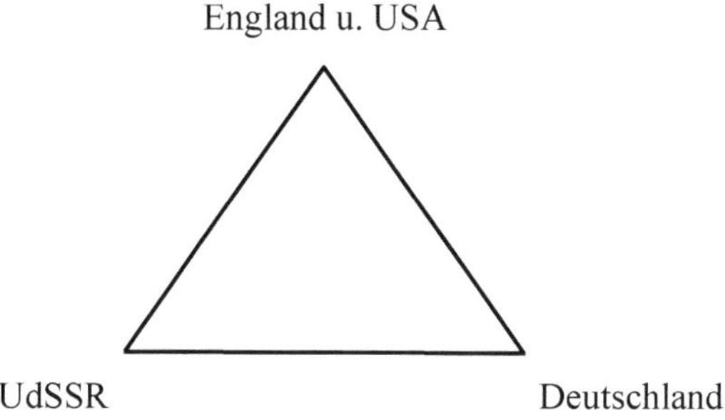

Diesmal bestand die Aufgabe Englands darin, die UdSSR und Deutschland gegeneinander aufzuhetzen. England begriff, dass es Deutschland ohne die UdSSR nicht besiegen konnte, doch auch Deutschland verstand, dass es ohne die UdSSR keine Siegeschance gegen England hatte. So bot sich die äusserliche Kräftekonstellation dar.

Hier haben wir die methodologische Ähnlichkeit zwischen dem ersten und dem zweiten Knoten. Napoleon war der Totengräber der Französischen Revolution. Man kann sogar sagen, dass seine Kriege eine natürliche Reaktion auf den vorhergehenden jähen Linksruck darstellten.

Im zweiten Knoten tritt als in gewissem Sinne natürliche Reaktion auf die bolschewistische Revolution der Nationalsozialismus auf. Anstelle Napoleons erscheint Hitler. Der Unterschied zwischen ihnen ist lediglich eine Frage der Form und nicht des Kerns der Geschehnisse. Allerdings gilt es hervorzuheben, dass sich auch in Russland selbst Widerstand gegen den Bolschewismus regte. Wir denken hier nicht etwa an die Weissgardisten, die den Bolschewisten im Bürgerkrieg gegenübertraten (eine Analogie zum konterrevolutionäre Aufstand in der Vendée während der Französischen Revolution). Nein, der Gegenschlag der Konterrevolution erfolgte innerhalb der herrschenden Elite der Sowjetunion. Und wie in Frankreich erhob „Napoleon" in der „Wiege" der Revolution selbst sein Haupt, und dieser „Napoleon" war der Stalinismus.

Somit verlief das Szenarium des zweiten Knotens ganz ähnlich wie dasjenige des ersten. Doch darin verbirgt sich dabei ein grosses historisches Geheimnis. Die Voraussetzungen zu seiner Enträtselung entstanden in der Epoche der Perestroika, als man wohl oder übel politische Freiheit gewähren, die Archive öffnen usw. musste.

In Russland meldeten sich revisionistische Historiker zu Worte, welche in diesen Archiven eine Menge hochexplosiver Dokumente entdeckt hatten, dank denen man die Zeit des Stalinismus sowie des Zweiten Weltkriegs mit ganz anderen Augen betrachten und dem darin verborgenen Geheimnis näher kommen kann. In unserer kleinen Broschüre können wir selbstverständlich auch nicht annähernd auf alle von den revisionistischen Historikern gemachten Entdeckungen eingehen und die Grundlagen ihrer Beweise schildern, da diese Dutzende von Bänden füllen. Dies ist auch gar nicht nötig, weil jeder, den dieses Geheimnis ernstlich interessiert, diese Bücher selber lesen und sich selber darüber seine Gedanken machen kann. Dies ist höchst wünschenswert, da sich mit diesem Geheimnis auch das Schicksal des 21. Jahrhunderts offenbart. Wir werden einen Versuch unternehmen, Dinge zu zeigen, zu denen die revisionistischen Geschichtsforscher trotz allem nicht vorzustossen vermochten. Doch kommt ihnen das gewaltige Verdienst zu, eine solide Wissensgrundlage geschaffen zu haben. Dank ihnen können wir den weltweiten Kampf der „Brüder des Schattens“ und der „Väter der Finsternis“ in den Ereignissen von Revolution und Krieg weitaus besser verstehen, als dies früher möglich war.

Der bolschewistische Umsturz wurde bekanntlich mit Hilfe und unter der Führung von Mitgliedern von Geheimgesellschaften durchgeführt. Nicht nur Kerenski, sondern auch Lenin und Trotzki waren nachweislich Hochgradfreimaurer. Mit den Logen war faktisch die ganze sogenannte „Leninsche Garde“ verbunden. Dies gilt heute in der Geschichtswissenschaft ganz einfach als Tatsache, und wir werden nicht mehr darauf zurückkehren.

Wie schon in der Französischen Revolution wurden auch die hohen Ideale der russischen Sozialisten – Freiheit, Gleichheit und Brüderlichkeit – nach dem Umsturz in ihr Gegenteil verkehrt. Man begann den Instinkten freien Lauf zu lassen. Die „Väter der Finsternis“ waren hierdurch in keiner Weise schockiert. Sie befolgten den Rat Mereschkowskis und verzichteten auf „ihre frühere Waffe – das religiöse Gefühl und die Vorurteile“. Sie traten in die Reihen der Bolschewiken ein. Rudolf Steiner erhellt, warum dies möglich wurde: „Das Bündnis zwischen Jesuitismus und Sozialdemokratie, das sich jetzt immer mehr und mehr zusammenschliesst, ist ein ganz natürliches, das hat nichts Unnatürliches“. Ein Sozialdemokrat ist mit demselben Gedankenformen ausgestattet, mit denen ein Jesuit ausgestattet ist, nur sind sie auf eine andere Seite gedreht. (GA 197, S. 71, 13. 6. 1920)*

Rudolf Steiner liefert auch eine interessante Illustration dessen, wie dieses Bündnis in Erscheinung tritt. Er zitiert einen Artikel, der von den „Vätern der Finsternis“ im Jahre 1919 geschrieben und publiziert wurde. Dem Zitat schickt er eine lange Einleitung voraus, die für uns ebenfalls aussergewöhnlich aufschlussreich ist. Er sagt: „Von anderer Seite her ist gesehen worden, wie das Denken schattenhaft wird, und daher ist im Jesuitenorden eine Methode geschaffen worden, welche von einer gewissen Seite her Leben in dieses Denken hineinbringt. Die jesuitischen Exerzitien gehen daraufh hinaus, Leben in dieses Denken hineinzubringen. Aber sie tun es, indem sie altes Leben wiederum erneuern, indem sie vor allen Dingen nicht auf die Imagination hin und durch die Imagination arbeiten, sondern durch den Willen arbeiten, der ja insbesondere in den jesuitischen Exerzitien eine grosse Rolle spielt. Die Menschheit der Gegenwart sollte begreifen und begreift viel zu wenig, wie in einer solchen Gemeinschaft, wie es die jesuitische ist, alles Seelenleben etwas radikal anderes wird, als es bei anderen Menschen ist. Die anderen Menschen der Gegenwart sind alle im Grunde genommen in anderer Seelenverfassung als die, die Jesuiten werden. Die Jesuiten arbeiten aus einem Weltenwillen heraus, das ist nicht

---

* Die Bestätigung dieser Tatsache haben wir heute im Verhalten von Frau Merkel so wie des Papstes. Und das spricht keinesfalls dafür, das die Oligarchen unbegrenzte Macht über die Menschheit und der Besitz sämtlicher Reichtümer der Welt erwartet.

zu leugnen. Sie sehen daher gewisse Zusammenhänge, die da sind, und höchstens werden solche Zusammenhänge von manchen anderen Orden gesehen, die wiederum von den Jesuiten bis aufs Messer bekämpft werden. Aber dieses Bedeutungsvolle, wodurch Realität hineinkommt in das schattenhafte Denken, das ist es, was den Jesuiten zu einem Menschen anderer Art macht, als es die modernen Zivilisationsmenschen sind, die überhaupt nurmehr in Schattenbildern denken und daher im Gunde genommen schlafen, weil das Denken nicht ergreift ihren Organismus, weil es nicht vibriert in ihrem Blut, weil es nicht eigentlich wirklich durchflutet ihr Nervensystem…

Der Jesuit, der den vollen Menschen in Regsamkeit bringt, der sieht, was heute durch die Welt vibriert. Dafür möchte ich ein paar Worte aus einer Jesuitenflugschrift der Gegenwart vorlesen, aus der Sie sehen werden, was darinnen für ein Leben pulsiert:

„Für alle diejenigen, die es mit den christlichen Grundsätzen ernst nehmen, denen das Volkswohl wirklich Herzenssache ist, denen das Heilandswort ‚Misereor super turbam‘ [Ich habe Mitleid mit der Masse] einmal tief in die Seele gedrungen ist, für die alle ist jetzt die Zeit gekommen, wo sie getragen von den Grundwellen der bolschewistischen Sturmflut, mit viel grösseren Erfolg mit dem Volk und für das Volk arbeiten können. Aber da nicht zu zaghaft sein. Also grundsätzliche und allseitige Bekämpfung des ‚Kapitalismus‘, der Ausbeutung und Auswucherung des Volkes, schärfere Betonung der Arbeitspflicht auch für die höheren Stände, Beschaffung menschenwürdiger Wohnung für Millionen Volksgenossen, auch wenn diese Beschaffung Inanspruchnahme der Paläste und grösseren Wohnungen erfordert, Ausnutzung der Bodenschätze, Wasser- und Luftkräfte nicht für Trusts und Syndikate, sondern für das Gemeinwohl, Hebung und Bildung der Volksmassen… Benutzung der Idee des Rätesystems zum Ausbau einer neben der parlamentarischen Massenvertretung einhergehenden und gleichberechtigten Ständevertretung, um die von Lenin mit Recht gerügte ‚Isolierung der Massen vom Staatsapparat‘ zu verhindern… Gott hat die Güter der Erde für alle Menschen gegeben, nicht dass einzelne in üppigem Überfluss schwelgen, Millionen aber in einer physisch und moralisch gleich verderblichen Armut schmachten…"*

Sehen Sie, das ist das Feuer, das allerdings etwas spürt von dem, was vorgeht. Das ist ein Mensch, der in seinem übrigen Buche den Bolschewismus streng bekämpft, der natürlich vom Bolschewismus nichts wissen will, der aber nicht sitzt wie irgend jemand, der heute sich schön auf einen Stuhl niedergelassen hat und ringsherum das Feuer der Welt nicht merkt, sondern der es merkt und der weiss, was er will, weil er sieht". (GA 204, S. 173–176, 29. 4. 1921)

Die Präsenz wahrhaft (nicht im besten Sinne) aussergewöhnlicher Menschen aus den Kreisen der „Vätern der Finsternis" innerhalb der „Leninschen Garde" bestimmte von Anfang an deren weiteres Schicksal. Indem sie die auch für sie annehmbare neue, sozialistische Struktur unerschütterlich verteidigten, arbeiteten sie dafür, ihre eigenen Leute in die höchsten Führungspositionen zu bringen. Die von Lenin und Trotzki errichtete eiserne Diktatur erleichterte ihre Arbeit ganz erheblich.

Höchste Aufmerksamkeit verdient auch die Tatsache, dass es auf der Welt keine politischen Kräfte gibt, die sich in bezug auf die soziale und politische Steuerung der Völker mit der tausendjährigen Erfahrung Roms messen können. Die „Brüder der Linken" mit ihren blassen Schatten des abstrakten Verstandes sind nicht imstande, dem zwar höchst spezifischen, aber nichtsdestoweniger lebendigen Denken der „Väter der Finsternis" ernsthaften Widerstand zu leisten. In ihrer weltlichen Politik nehmen sie stets konservative Positionen ein. Und konser-

---

* Der Bolschewismus, in Flugschriften der «Stimmen der Zeit», 6. Heft, 3. Auflage Freiburg im Breisgau 1919 – von Bernhard Duhr S.J. (1852–1930), Geschichtsforscher.

vativ muss für sie Sozialismus sein. Mit dieser Position geriet innerhalb des bolschewistischen Experiments Trotzkis Ideal der „permanenten Revolution" auf Kollisionskurs. Die Stalinisten stellten diesem Ideal die These vom „Sieg des Sozialismus in einem Land" entgegen. Als Kinder der „Brüder der Linken" zeigten die Bolschewiken jedoch, dass sie nicht fähig waren, etwas aufzubauen, sondern im Grunde lediglich Träger der Zerstörung, des Chaos waren.

Aufschlussreicherweise bemerkte Rudolf Steiner bereits 1919, das sozialistische Experiment in Russland sei gescheitert, „denn Lenin weiss heute bereits ganz gut, dass er nicht weiterkommt mit dem, was er eingebrockt hat". (GA 192, S. 202, 15.6.1919)

Ein Jahr später ergänzte er: „Nein, es wird naiv sein zu glauben, dass so etwas wie das englische Parlament fertig werden könne mit dem, was da die Menschheit ergreifen wird, wenn das Individualbewusstsein bloss in den Instinkten wirkt. Aber *eine Macht* kann fertig werden damit: das ist die Macht Roms. Nur handelt es sich eben darum, wie sie fertig werden kann. Rom kann seine Herrschaft aufpflanzen, denn Rom hat die nötigen Machtmittel dazu". (GA 198, S. 130, 6.6.1920)

Die Antwort auf Rudolf Steiners Frage trat schon am Ende der zwanziger Jahre zutage. „Die Macht Roms" offenbarte sich in Gestalt des Stalinismus. Dies wurde dermassen geschickt eingefädelt, dass nicht nur in Russland, sondern auch im Westen die allerwenigsten begriffen, dass in Russland eine Konterrevolution im Anzug war. Trotzki wies in seinen Schriften hierauf hin, doch die internationale „kommunistische Gemeinschaft" mass dem keine Bedeutung bei.

Konkrete Gestalt nahm die Konterrevolution ab 1935 an, als eine neue – auch qualitativ neue – Welle des Terrors einsetzte. Im Zeitraum von 1935 bis 1939 wurde die gesamte „Leninsche Garde" vollständig ausgerottet, wo sich ihre Vertreter auch immer befinden mochten: Im zentralen Verwaltungsapparat, in der Armee, in den mit der Durchführung der Repression beauftragten Organen.[*]

Im Rahmen dieses Terrors wurde auch eine ungeheuer grosse Zahl einfacher und vollkommen unschuldiger Menschen liquidiert, doch hier galt bereits das Prinzip, das schon der Nuntius von Papst Innozenz III. während des Kampfes der mittelalterlichen „Entente" gegen die albigonische Ketzerei formuliert hatte: „Tötet alle der Reihe nach! Gott im Himmel wird die Seinen schon erkennen".

Mit dem Beginn der Terrorperiode der dreissiger Jahre nimmt der Sozialismus in Russland vollkommen neue Züge an. Er wird immer nationaler, weist zunehmend konservative Merkmale auf, anerkennt das Prinzip der Staatlichkeit etc. Doch seine Position bleibt auch weiterhin noch schwach, weil die „Brüder der Linken", die der neuen Macht äusserlich „Treue geschworen" und Lippenbekenntnisse zum neuen Kurs abgelegt haben, mit aller Kraft nach Revanche streben. (Und sie tatsächlich nehmen werden – im Jahre 1991.)

Der Stalinismus war dringend auf Unterstützung von aussen angewiesen. Diese erhielt er in der Gestalt des Nationalsozialismus. Letzterer betonte zwar seine unversöhnliche Feindschaft gegenüber dem Bolschewismus, erklärte aber nach aussen hin nicht, dass er damit den Bolschewismus von Lenin und Trotzki meinte. Mit dem stalinistischen Bolschewismus leitete er eine enge Zusammenarbeit ein. Doch dieser hatte auch in Deutschland Feinde, wo sich in den höchsten Sphären der Macht einflussreiche Parteigänger Englands befanden. All dies ergab ein kompliziertes politisches Mosaik teils freundschaftlicher, teils feindlicher Beziehungen zwischen Deutschland und der UdSSR. Doch alles in allem bildeten sie einen einheitlichen Block, der die „Brüder der Linken", welche überall die Revo-

[*] Wir verzichten hier darauf, die erschreckenden Zahlen zu nennen – sie sind algemein bekannt.

lution schürten, nicht nur in Europa, sondern auch auf anderen Kontinenten bekämpfte.

Vom Standpunkt der Gesetze aus, die in den drei Knoten des „Untergangs Europas" wirken, waren die Kriege des Nationalsozialismus ihrem Wesen nach „napoleonisch" und sollten zu einem *gemeinsamen sowjetisch-nationalsozialistischen Weltkrieg gegen das britisch-amerikanische Dominieren auf dem Planet* werden. Die Frage: „Wer wird die Welt regieren, Rom oder London-Washington?" sollte eindeutig beantwortet werden. Diese Frage wurde so unzweideutig gestellt wie nie zuvor in der Vergangenheit. Von ihrer Beantwortung hing ab, welcher der beiden Antagonisten von der Bildfläche verschwinden würde. Vom Standpunkt der übersinnlichen Welt, wo ein Kampf zwischen Luzifer und Ahriman tobt – ein Kampf, aus dem nie ein Sieger hervorgehen wird –, war auch diese Frage unlösbar, wie der weitere Verlauf der Geschichte erwies. Doch die Vorbereitung auf ihn auf irdischer Plan war beispiellos.

* * *

Und nun sind wir beim Rätsel des ersten Tages des Zweiten Weltkriegs angelangt, in dem faktisch der Schlüssel zum Verständnis des grössten Geheimnisses des 20. Jahrhunderts liegt. Dank den Forschungen russischer revisionistischer Historiker wurde dieses Geheimnis der Welt endlich offenbart.

Wir werden versuchen, gewissermassen eine kurze Übersicht zu diesem Thema zu präsentieren (mehr ist in einer Broschüre nicht möglich), um dem Leser Informationen zu vermitteln, die es ihm ermöglichen, tiefer in dieses Thema einzudringen.[*]

---

[*] Der westliche Leser besitzt leider noch nicht die Möglichkeit, sich vollumfänglich mit dieser Literatur vertraut zu machen, weil sie nicht in Fremdsprachen übersetzt worden ist. Wenige Ausnahmen bilden die Schriften von Viktor Suworow, der zwar eine Fülle von Tatsachen darbietet, seine Leser jedoch in der Hauptfrage irreführt, und von einigen anderen Autoren.

75

Kurzum: Das Problem besteht darin, dass die Sowjetunion am 22. Juni 1941 *nicht nur nicht bereit zur Verteidigung war* (was Suworow nachgewiesen hat), *sondern auch nicht **zum Angriff** auf Deutschland.* Hierin liegt auch das Rätsel: Was hatte das zu bedeuten?

Die Antwort auf diese Frage erteilte (womit er gleichzeitig die Konzeption Suworows demolierte) Alexander Osokin in seiner Studie „Das grosse Geheimnis des Grossen Vaterländischen Krieges". Diese besteht aus drei Bänden, die 2008, 2010 und 2013 erschienen und einen Gesamtumfang von 1.800 Seiten aufweisen. Osokin schreibt zwar, er stelle lediglich eine These auf, doch bei der Lektüre seines Werks begreift man, dass er eine Entdeckung ersten Ranges gemacht hat.

Seine „Hypothese" besteht darin, dass Moskau und Berlin der Plan einer sogenannten „Grossen Transportoperation" ausgearbeitet hatten, dem zufolge eine sowjetische Armee von einer Million Soldaten (oder noch mehr) zum Ärmelkanal vorstossen sollte, um eine Invasion Englands zu beginnen, während die deutschen Divisionen über sowjetisches Gebiet in Persien einmarschieren und von dort aus das koloniale Hinterland Englands stürmen sollten. Doch lassen wir Osokin selber zu Worte kommen:

„Da Hitler begriff, dass Deutschland im Alleingang keinen Sieg über England erringen konnte, schlug er Stalin vor, sich am Kampf gegen das Britische Weltreich zu beteiligen – insbesondere mittels einer Landung auf den britischen Inseln und einem Vorstoss in den Nahen Osten. Die sowjetisch-deutschen Verhandlungen, die vom 12. bis zum 14. November 1940 in Berlin stattfanden, sollen angeblich keine Resultate gebracht haben, doch in Wirklichkeit endeten sie mit einem Geheimabkommen zwischen der obersten Führung der Sowjetunion und Deutschlands über eine gemeinsame Durchführung dieser Operationen. Von diesem Augenblick an sah Stalins Plan wie folgt aus: Er wollte mit Hilfe der Deutschen seine Armeen durch Polen und Deutschland an die Küste der Nordsee marschieren lassen (während die deutschen Truppen gleichzeitig über sowjetisches Territorium in Richtung Türkei, Iran und Irak vorrücken sollten)".

Da – wiederholen wir unser Argument – die Allianz zwischen Stalin und Hitler auf beiden Seiten recht viele Gegner hatte, wurde beschlossen, sich abzusichern: „… Die sowjetischen Truppen und ihr Kriegsmaterial sollten sich per Eisenbahn, aber auch auf Flüssen und Kanälen, ohne Muniton vorwärtsbewegen (diese sollte separat nachgeliefert werden); ihre Kriegsgeräte sollten teilweise zerlegt werden (beispielsweise sollten die Geschütze ohne Rundblickfernrohre transportiert und erst später mit solchen ausgestattet werden), sie sollten nicht mit Treibstoff ausgerüstet sein (davon sollten sie nur so viel erhalten, dass die Panzer oder Kraftfahrzeuge auf eine Eisenbahnrampe oder ein Transportschiff fahren und von dort wieder herunterfahren konnte), etc. Unter diesen Umständen begann am 20. Juni 1941 der Transport sowjetischer Truppenverbände in Richtung Nordsee.

Gleichzeitig begann zu denselben Bedingungen die Verlagerung deutscher Truppenverbände via sowjetisches Territorium in Richtung Naher Osten. Doch am Morgen des 22. Juni 1941 warf die deutsche Luftwaffe den Wehrmachteinheiten, die sich in Verbänden auf sowjetischem Gebiet fortbewegten, sowie den Flugzeugen der Luftwaffe, die sich auf sowjetischen Flughäfen befanden, Munition und Treibstoff ab. Dies war der Grund dafür, dass sich am ersten Kriegstag im sowjetischen Hinterland zahlreiche deutsche „Landetruppen" befanden, und dass am russischen Himmel deutsche Flugzeuge mit roten Sternen auftauchten (diese hatte man an ihnen angebracht, damit sie vertragsgemäss ungehindert über unser Territorium fliegen konnten). Und der bereits angelaufene Transport, sowie die sich auf diesen vorbereitenden sowjetischen Truppen und Truppenverbände der

Grenzdistrikte, waren am ersten Kriegstag nicht kampfbereit, weil sie keine Munition und keinen Treibstoff besassen. Dies war der Hauptgrund für die Katastrophe, die am 22. Juni 1941 über die Rote Armee hereinbrach.

Bei der Vorbereitung der Grossen Transportoperation waren beispiellose Massnahmen ergriffen worden, um sicherzustellen, dass sie geheim blieb, und zwar nicht nur in Bezug auf die Information (unerhörte durchgängige Desinformation!), sondern auch in technischer Hinsicht. Insbesondere mussten sich die sowjetischen Züge auf sowjetischem Territorium auf Gleisen formieren, die der europäischen Spurweite angepasst waren, damit an der Grenze keine Umladungen und kein Gleiswechsel erforderlich wurden. Die deutschen Züge mussten sich dementsprechend auf deutschem und polnischem Gebiet entweder auf Gleisen mit sowjetischer Spurweite formieren oder speziell für diese Operation hergestellte bewegliche „Schuhe" verwenden, die den Übergang der Züge auf eine breitere Spur ohne vorherige Umladung ermöglichten.

Da Osokin nicht in Konflikt mit den Vertretern der offiziellen Version vom Kriegsbeginn geraten will, schreibt er, Stalin habe wie folgt räsoniert: Wenn wir erst mal zum Ärmelkanal vorgedrungen sind, entscheiden wir, ob wir mit Hitler gegen England oder mit England gegen Hitler zuschlagen. Doch dies ist ein vollkommen oberflächlicher, ideologisch gefärbter Gedanke, der sich keineswegs aus der Schilderung dessen ergibt, was damals geschah. Beispielsweise schreibt Osokin selbst: „… Die Lieferungen Deutschlands an die Sowjetunion trugen nicht nur informativen, sondern ***auch innovativen Charakter, da sie in erheblichem Umfang gewährleisteten, dass auf einer Reihe von Gebieten der sowjetischen Industrie veraltete Technik und Technologie durch moderne ersetzt wurde***" [Hervorhebung von uns; G.B.]. In anderen Worten, das Dritte Reich leistete selbst einen bedeutenden Beitrag zur Entwicklung und Vervollkommnung der militärischen Macht seines Hauptgegners im Zweiten Weltkrieg, und zwar noch buchstäblich im letzten Moment vor dem Angriff auf ihn. Warum bloss?

Der Flugzeugkonstrukteur Jakowlew schreibt in seinen Memoiren, beim Besuch einer sowjetischen Fliegerdelegation in Deutschland im Frühling 1941 habe man ihr absolut alles gezeigt, darunter sogar die neuste geheime Flugzeugtechnik. (Einer deutschen Delegation, die anschliessend im März 1941 in Moskau eintraf, zeigte man auch fast alles… darunter auch die besten sowjetischen Flugzeugfabriken). Zuvor, im Oktober und November 1939, wurde einer sowjetischen Kommission unter Leitung des Volkskommissars Tevosjan die ganze Leistungsfähigkeit der deutschen Industrie vordemonstriert. Was wurde mit all dem bezweckt? Und die Lieferung des hochmodernen deutschen Kreuzers „Lützow" (wenn auch in halbfertigen Zustand)? Und die Nutzung sowjetischer Häfen als Zufluchtsorte für deutsche Handelsschiffe? Und die auf sowjetischem Gebiet erfolgte Errichtung des Stützpunkts „Nord", den deutsche Unterseeboote bis 1941 nutzten?... Und der Verkauf der meisten deutschen Flugzeugtypen (über 30) an die UdSSR, einschliesslich der neusten, mit denen die Luftwaffe erst seit kurzem ausgerüstet war? Und die Nutzung der Funkstation Minsk als Funkleitsender zur Steuerung der deutschen Bomber bei der Bombardierung polnischer Städte Anfang September 1939?

Das ist bereits keine Neutralität mehr, das ist Zusammenarbeit und Koordination der Aktivitäten verbündeter Staaten.

Und die ununterbrochenen, minuziös erfüllten sowjetischen Rohstoff- und Lebensmittellieferungen an Deutschland (die letzten Transporte trafen in den frühen Morgenstunden des 22. Juni in Deutschland ein, eine Stunde vor dem Angriff)? Und die Befestigungsanlagen an der alten Grenze der UdSSR, von denen ein Teil aus bis heute ungeklärten Gründen demontiert wurde, wobei verschiedenen Meldungen zufolge einige aus Eisenbeton gefertigte Befestigungen von sowjetischer Seite 1941 vor Kriegsbeginn gesprengt wurden?"

Ja, in Deutschland wurde ein Plan zum Angriff auf die UdSSR entworfen, doch „lässt sich keineswegs ausschliessen, dass der Angriffsplan ‚Barbarossa', der vom Führer im Dezember 1940 beschlossen wurde, anfangs reine Desinformation war und das Ziel verfolgte, England zu beweisen, dass der im November erfolgte Besuch Molotows in Berlin mit einem Fiasko geendet hatte. Erst später, vielleicht erst im Mai 1941, nachdem Hess nach England geflogen war – was den Krieg zwischen Deutschland und der Sowjetunion praktisch unvermeidlich machte –, wurde er so weiterentwickelt, dass er in die Praxis umgesetzt werden konnte. Betrachtet man den Text des Plans ‚Barbarossa' genauer, als es früher bei uns üblich war, bemerkt man zu seinem Erstaunen, dass er *‚für den **Fall**, dass Russland seine heutige Politik gegenüber Deutschland ändert'*, erstellt worden war". Es handelte sich nämlich nicht um einen Plan, sondern um einen „Fall". Nur hat dies bis heute niemand merken wollen.

Zur Begründung seiner These, wonach die UdSSR am 22. Juni in keiner Hinsicht bereit zu einem Angriff war, führt Osokin eine Reihe von *Fakten* ins Feld, die wir auch bei etlichen anderer Revisionisten finden. Bei Osokin lauten sie wie folgt (und dies sind, unterstreichen wir das, dokumentierte Fakten):

„Es ist ganz offensichtlich, dass eine kolossale Vorbereitung der Roten Armee auf Kriegshandlungen erfolgte, doch *worauf bereitete man sich eigentlich vor?* Vielleicht auf die Verteidigung des Landes gegen eine Hitlersche Aggression? Schliesslich sah jedermann, dass an der deutsch-sowjetischen Grenze deutsche Elitedivisionen aufmarschiert waren, die auf fast zwei Jahre siegreiche Kampferfahrung zurückblicken konnten und sämtliche Armeen des kapitalistischen Kontinentaleuropas mühelos zerschlagen hatten.

Doch warum befanden sich die sowjetischen Truppen

dann am ersten Kriegstag nicht in ihren befestigten Stellungen und Vorfrontlinien, warum besassen sie keine Munition und keinen Treibstoff, und – das Wichtigste von allem –, warum fehlte es an klaren Befehlen und einer klaren Organisation seitens der obersten Führung? Am 22. Juni trafen bei der Armee nämlich drei Direktiven der obersten Führung ein – zwei unklare (Nr. 1 und 2) sowie eine unerfüllbare (Nr. 3), und aus irgendwelchen Gründen stand auf keiner einzigen davon eine Unterschrift Stalins. An diesem Tag wusste das Land acht Stunden lang nicht, dass der Krieg begonnen hatte, und als es um 12 Uhr mittags endlich davon erfuhr, war es nicht etwa Stalin, der es ihm in einer Radioansprache mitteilte, sondern dessen Stellvertreter Molotow. Stalin wandte sich erst zwölf Tage später, am 3. Juli, im Rundfunk an das Volk.

Warum wurden die Magazine und die Flugplätze bis in unmittelbare Grenznähe vorverlegt? (Deshalb fielen dem Feind riesige Vorräte an Munition, Treibstoff und Lebensmittel in die Hände oder wurden von unseren [sowjetischen] Truppen vor deren Rückzug in die Luft gesprengt, und am ersten Kriegstag wurden 800 von unseren Flugzeugen auf dem Boden zerstört. Allein am ersten Kriegstag verloren wir [die Rote Armee] insgesamt 1.200 Flugzeuge und an den beiden ersten Tagen 2.500!) Warum war die Artillerie von ihren Divisionen abgezogen und auf Artillerieschiessplätze verlegt worden?

Die Ergebnisse des Kriegsbeginns, und besonders seines ersten Tages, legen beredtes Zeugnis davon ab, dass sich die sowjetischen Truppen nicht auf die Verteidigung vorbereitet hatten; deshalb kam der Schlag „unerwartet“, und die Niederlage der sowjetischen Streitkräfte war vernichtend...

Doch vielleicht hatten sich die sowjetischen Truppen gar nicht auf die Verteidigung vorbereitet, sondern darauf, einen Präventivschlag gegen die an der Grenze massierten und aufmarschierenden deutschen Verbände zu führen? Hat Suworow mit seiner Hypothese vom „Eisbrecher" letzten Endes gar recht, und Stalin wollte tatsächlich mit diesem Schlag seinen „revolutionären" Feldzug gegen Europa beginnen?

Doch weshalb befand sich der Hauptteil der sowjetischen Truppen und Verbände im Morgengrauen des 22. Juni 1941 dann nicht einen bis zwei Kilometer von der Grenze entfernt wie die deutschen, sondern 30 bis 300 Kilometer? Warum besassen sie dann keine Munition und keinen Treibstoff? (Als Beispiel für eine wirkliche Vorbereitung auf einen Erstschlag kann eine Fotografie deutscher Panzer in Brest am 22. Juni dienen, die auf jedem Panzer 10 bis 20 Reservekanister mit je 20 Litern Benzin zeigt, dazu noch einen Anhänger mit zwei jeweils 200 Liter fassenden Fässern und einer Handpumpe zu ihrer Füllung!)

Warum in aller Welt wurde bei uns der Befehl erteilt, die Rundblickfernrohre von den schweren Geschützen abzumontieren?

Warum erhielten die vordersten Infanterieeinheiten am 21. Juni den Befehl, die ihnen ausgegeben Patronen in die Magazine zu bringen und zu versiegeln?

Warum wurden in den allerletzten Vorkriegstagen bei den Luftstreitkräften der westlichen Wehrkreise prophylaktische Arbeiten durchgeführt, während deren die Flugzeuge nicht einsatzfähig sind?

Warum erhielt man die Anweisung, die Flugzeuge lediglich „zerstreut zu plazieren und zu tarnen"? Wenn sich die sowjetischen Truppen auf einen Überraschungsschlag vorbereiteten, durfte man dann die Flugzeuge der Möglichkeit berauben, rasch auf die Abflugpiste zu gelangen? Zu welchem Zweck machte man denn die Abflugpiste frei? (In einigen Fällen stellte sich heraus, dass die Benzinkanister der Flugzeuge mit Wasser gefüllt waren.) Fragen über Fragen…

Die Antwort auf die immer wieder hartnäckig gestellte Frage „warum" ist ein und dieselbe: *Auf einen Überraschungs-*

*schlag gegen die deutschen Truppen und dann gegen Deutsch-
land und Europa bereitete man die Rote Armee ebenfalls nicht
vor.*

Möglich wäre noch eine andere Variante der sowjetischen Vorkriegsvorbereitungen an den Westgrenzen des Landes:
Vielleicht… bereitete die sowjetische Führung die Rote Armee
für den Fall eines deutschen Angriffs auf *einen organisierten
strategischen Rückzug* vor, vergleichbar dem Rückzug der russischen Armee unter der Führung von Barclay de Tolly, und dann
Kutosow, während des Krieges gegen Napoleon im Jahre 1812?

Doch hiervon kann überhaupt keine Rede sein, denn bereits am Abend des 22. Juni traf bei den Truppen die (unerfüllbare) Direktive Nr. 3 ein, der zufolge die sowjetischen Einheiten
zum Gegenangriff übergehen sollten, mit der Aufgabe, nicht nur
die von den Deutschen überrannten Gebiete zurückzugewinnen,
sondern auch die Grenze zu überschreiten und insbesondere bis
zum 24. Juni den Bezirk Lublin unter ihre Kontrolle zu bringen…

Nein, die Rote Armee hat sich im Zeitraum von März bis
Juni 1941 nicht auf den organisierten Rückzug von den Grenzen
ins Landesinnere vorbereitet.

Doch worauf bereitete sich die Rote Armee dann während dieser Periode an den Westgrenzen der UdSSR dermassen
intensiv vor?

Die Rote Armee bereitete sich auf die Grosse Transportoperation vor…

Genau dies war der Grund der Katastrophe, die am 22.
Juni 1941 eintrat".

Die Kreise, die hinter Hitler und Stalin standen,
hatten einen Plan zur Erringung der Weltherrschaft entworfen,
der zwei Phasen vorsah: Der Osten sollte der Herrschaft des
Stalinismus, der Westen derjenigen des Nationalsozialismus un-
terstellt werden, und dann sollte die Verschmelzung der beiden

Ideologien zu einer einzigen beginnen. Wie wir bereits erwähnt haben, sagte Hitler während der Verhandlungen mit Molotow am 13. November 1940 in Berlin: „Ich bin der Ansicht, dass unser Erfolg grösser sein wird, wenn wir Rücken an Rücken stehen und mit gemeinsamen Kräften kämpfen, als wenn wir Brust an Brust stehen und einander bekämpfen werden." Und weiter: „Den grossen asiatischen Raum muss man in einen ostasiatischen und einen zentralasiatischen teilen. Letzterer erstreckt sich nach Süden, eröffnet den Zugang zum Ozean und wird von Deutschland als Interessengebiet Russlands anerkannt".

Nachdem sich die beiden Diktatoren ein so ungeheuer wichtiges Ziel gestellt hatten, hatten sie die lebhafte Befürchtung, die innere Opposition könne dessen Verwirklichung vereiteln. Am 14. Mai 1941 schrieb Hitler an Stalin: „Diese Generäle… versuchen alles Erdenkliche zu tun, um die Pläne zur Invasion Englands zu durchkreuzen… Unter diesen Umständen schliesse ich *die Möglichkeit des zufälligen Ausbruchs eines bewaffneten Konflikte durchaus nicht aus, der angesichts einer so massiven Truppenkonzentration sehr schwerwiegende Ausmasse annehmen kann, wenn es schwierig oder gar unmöglich ist zu bestimmen, was den unmittelbaren Anstoss dazu gegeben hat. Nicht minder schwieriger wird es sein, diesen Konflikt zu stoppen.*

Ich will mit Ihnen vollkommen offen sein.

Ich befürchte, dass einer meiner Generäle einen solchen Konflikt bewusst heraufbeschwören wird, um England vor seinem Schicksal zu retten und meine Pläne zunichte zu machen.

Es handelt sich nur noch um einen Monat.

Ungefähr zwischen dem 15. und dem 20. Juni plane ich mit einem massiven Truppentransport von Ihren Grenzen nach Westen zu beginnen.

Dabei bitte ich Sie aufs allerdringlichste, sich auf keinerlei Provokationen einzulassen, die seitens meiner pflichtvergessen Generäle stattfinden können. Und es versteht sich von selbst, dass *Sie sich bemühen sollten, ihnen keinen Anlass dazu zu geben. Wenn es nicht gelingt, Provokationen seitens irgendeines meiner Generäle zu vermeiden, legen Sie bitte Zurückhaltung an den Tag, unternehmen Sie keine Vergeltungsaktionen und setzen Sie mich unverzüglich über den Ihnen bekannten Verbindungskanal ins Bild. Nur so werden wir unsere gemeinsamen Ziele verwirklichen können, die wir beide, wie mir scheint, genau abgesprochen haben".*

Dies ist also der eigentliche Grund dafür, dass Stalin alle Meldungen über einen bevorstehenden Einmarsch in die UdSSR vom Tisch wischte. Osokin schreibt: „Warum schenkte Stalin den Meldungen des sowjetischen Nachrichtendienstes, des NKWD, der Komintern sowie der Oberhäupter anderer Staaten, wonach Hitler einen Angriff auf die Sowjetunion vorbereitete, keinen Glauben?

Erstens, weil er glaubte, Hitlers hauptsächliches Lebensziel – die Zerstörung des britischen Empire – zu kennen, das er ohne Hilfe der UdSSR nie und nimmer erreichen konnte. Zweitens, weil er diese Meldungen für die Auswirkungen der englischen Bestrebungen hielt, die UdSSR in einen Krieg gegen Deutschland zu verwickeln; diesen Bestrebungen lagen Desinformationen zugrunde, die Hitler und Stalin selbst für die Engländer verbreitet hatten (insbesondere die letzteren zugespielten Informationen über die ‚Barbarossa'-Variante), um die bevorstehende gemeinsame deutsch-sowjetische Transportoperation gegen Grossbritannien zu kaschieren".

Mit dem Hess-Flugs nach England verhielt es sich anscheinend folgendermassen: Entweder war Hitler ein Doppelagent, in dem die Zuneigung zur britischen Seite die Oberhand behielt, oder es war Hitler bekannt geworden, dass die Stalin-Feinde in Kreml imstande waren, die Transportoperation zu sabotieren, beispielsweise die Kontrolle über die Operation an der

Ärmelkanalküste zu übernehmen und ein Bündnis mit England abzuschliessen.

Hitler, der die ganze Zeit über den Abschluss eines Vertrags mit England angestrebt hatte, konnte durchaus auch folgendes Kalkül anstellen: Wenn England Wind von der geplanten Transportoperation bekam, würde ihm dies einen heillosen Schrecken einjagen und es dazu bewegen, gemeinsam mit Deutschland einen Krieg gegen die UdSSR zu beginnen. Wenn aber Stalin dabei mit Hitler zusammenspielte, würde man den Krieg in einem oder zwei Monaten mit dem Sieg über die UdSSR beenden und dann ungehindert die Opposition wie im Kreml so auch in Berlin vernichten und die beiden „Sozialismen" zu einem verbinden können, nachdem man England vorher einen tüchtigen Tritt versetzt hatte.

Diese Schlussfolgerung zieht Osokin nicht, doch der tatsächliche Verlauf des Krieges, der von Revisionisten – beispielsweise von Wladimir Beschanow in einer vierbändigen Studie – beschrieben wird, liefert gewichtige Argumente für diesen Schluss. Und dann waren die Erklärungen deutscher Generäle, Russland werde im Verlauf eines Monates erobert sein, keine leere Prahlerei.

Zum Beweis dafür, dass Deutschland den Krieg gegen die Sowjetunion gemeinsam mit England begann, führt Osokin Zeugenaussagen an, denen zufolge um zwei Uhr morgens – und nicht um vier Uhr, wie im „Fall Barbarossa" stand – unbekannte Flugzeuge Sewastopol und Kronstadt bombardiert hatten. Nachdem Hitler dies erfahren hatte, wusste er, dass Grossbritannien vereinbarungsgemäss den Krieg begonnen hatte. Und dann trat auch Deutschland in diesen ein. Aber England schlug dem Kreml noch am selben Tage ein Militärbündnis vor.

So spielten die „Brüder der Linken" die „Väter der Finsternis" aus, und die „napoleonischen" Kriege des zweiten Knotens endeten ebenfalls mit der Niederlage des „neuen Napoleon".

Chruschtschow schreibt in seinen Memoiren, wie er beschloss, Stalin zum Tag des Sieges zu gratulieren. „Und was geschah dann? Stalin antwortete mir mit einer Grobheit. Ungefähr in dem Sinne, dass ich ihm seine Zeit raube, indem ich ihn mich aus einem solchen Anlass an ihn wende."

Es ist doch keine Kleinigkeit – man hatte ihn gezwungen, im Namen der Interessen Grossbritanniens solch einen Krieg zu führen!

V. Das Autodafé

Es existiert noch eine andere, den allerwenigsten bekannte Besonderheit des Stalinismus, ohne deren Kenntnis wir weder den zweiten noch den dritten Knoten des „Untergangs Europas" richtig verstehen können. Diesmal müssen wir uns den Büchern eines Autors zuwenden, der sogar intelligenten Menschen oft dermassen zuwider ist, dass sie allein schon bei der Nennung seines Namens verächtlich ausspucken. Dies ist bedauerlich. Die Aufgabe der Erkenntnis besteht schliesslich in der Aufnahme und Verarbeitung von Kenntnissen und nicht darin, gleich mit seiner eigenen Meinung herauszuplatzen. Man kann nicht zugleich zuhören und sprechen. Moralische Einwände gegen diese Bücher sind durchaus legitim, aber das darf uns nicht daran hindern, die Aussagen ihres Autors unvoreingenommen zu prüfen.

Wir denken hier an Grigori Klimows Roman „Der Fürst dieser Welt" sowie seine „Übersicht über den Inhalt von Vorlesungen" des „Kurses für höhere Soziologie" genannt „Die Protokolle der sowjetischen Weisen". Sie sind für uns deshalb wichtig, weil in ihnen von der Existenz eines „roten Papsttums" und einer „roten Inquisition" berichtet wird. Der Verfasser selbst schreibt am Ende der „Protokolle", sie seien „unter seiner Federführung" entstanden. Wir nehmen uns allerdings die Freiheit, das nicht zu glauben. Sie dokumentieren zweifellos Tatsachen, doch dies kann man nur verstehen, wenn man sich in den Geist des Kampfes zwischen den Kräften hineindenkt, dem auch der „Untergang Europas" entsprungen ist.

Es wäre freilich ein geistiges Armutszeugnis, diese Dokumente als in unmittelbarem Sinne authentisch zu bezeichnen. Dies wird bei der Lektüre des Textes vollkommen klar. Seine Veröffentlichung war als Antwort auf den psychologischen kalten Krieg gegen die UdSSR gedacht, der im Westen begonnen hatte (das sogenannte Harvard-Projekt). Es war politisch rentabel geworden, einige Geheimnisse des Stalinismus zu enthüllen, und dies in Form eines „literarischen Kunstwerks" eines einzelnen Schriftstellers zu machen. Dabei fordert dieser Schriftsteller den Leser mehrmals selbst auf, die Wahrheit dessen, was er ihm erzählt, anzuzweifeln, führt jedoch gleichzeitig im Verlauf seiner Ausführungen jede Menge von Beweisen dafür an, dass diese tatsächlich stimmen. Am Ende kapituliert der Leser vor der erdrückenden Flut von Beweisen und wird fortan nie mehr vergessen, was er da erfahren hat. Eine sehr effektive stilistische Methode!

Die Essenz dieses Buchs knapp und gehaltvoll zusammenzufassen, ist zugegebenermassen alles andere als leicht. Es ist vollkommen einzig in seiner Art. Wer es gelesen hat, dem scheint es, als habe vor seinen Augen ein Mensch einem anderem, seinem guten Freund, in der Hitze „Scher dich zum Teufel!" gesagt – und dann sei der Teufel in unserer so zuverlässig materiellen Realität tatsächlich erschienen und habe jenen Menschen abgeschleppt.

Dieses Bild haben wir nicht zufällig gewählt. Die Ideologie der „Protokolle" baut sich vollumfänglich auf dem sexuellen Komplex, auf dem „Tiefenschlamm" ("Bodenschlamm" der „Seelenprovinzen") der Psychoanalyse, die, eng miteinander verknüpft, angeblich sämtlichen Erlebnissen und Äusserungen des Menschen zugrunde liegen. Und hier kann man sagen, dass Dr. Freud mit der Erfindung dieser Theorie und ihrer Einführung in die Wissenschaft faktisch die gesamte Menschheit zum Teufel geschickt hat. Dieser liess sich nicht zweimal bitten und schleppte sie ab. Genauso sieht die moderne Zivilisation nämlich aus, seitdem die Psychoanalyse in ihr Fuss gefasst hat. Und so ein solches Aussehen erhielt auch Russland, nachdem die Bolschewiken dort die Macht an sich gerissen hatten.

Das, was bei uns in der Epoche des Stalinismus aufgetreten war, war ein Versuch, Russland dem Teufel wieder abzuluchsen, und zwar mit der Methode des Teufels selbst (in den „Protokollen" wird diese Methode das „böse Gute" genannt). Dies fand seinen Ausdruck auch in der Entstehung der „roten Inquisition", von der die „Protokolle" berichten.

Es kann keine Rede davon sein, dass diese „Protokolle" die Schöpfung eines einzigen Menschen sind. Sie sind das Produkt einer gewissen Kollektivarbeit, einer Zusammenarbeit einer Gruppe geistig überzüchteter und bereits am Rand des Wahnsinns stehender Intellektueller mit dem „Fürsten dieser Welt". Dieser „Fürst" ist nicht einfach eine literarische Persönlichkeit, sondern ein vollkommen reales geistiges Wesen, von dem Rudolf Steiner sagt, es sei der zurückgebliebene, „gefallene" Geist der Persönlichkeit, was heisst, dass er in der Hierarchie der göttlichen Schöpfer über den Erzengeln steht. In der Bibel heisst er Satan. Er ist der hauptsächliche Gegner Christi, der Feind des menschlichen Ich. Satan handelt so, dass er den polaren Gegensatz zwischen Luzifer und Ahriman zur Synthese bringt. Die Materialisten sprechen in diesem Zusammenhang vom Gesetz des Kampfes und der Einheit der Gegensätze.

Die Inquisitoren im Professorentalar, welche in den Kursen für höhere Soziologie jene Vorlesungen halten, deren Aufzeichnung den Inhalt der „Protokolle" bildet, appellieren ständig an dieses Gesetz. Und dies verrät die Kraft, die hinter ihnen steht. Sie bestimmt den ganzen Charakter der Tätigkeit der „roten Inquisition", in der die Gegensätze zwischen Luzifer und Ahriman zu einer Art Einheit kommen.

In den „Protokollen" wird berichtet, dass im KGB neben den bekannten 12 Abteilungen noch eine 13. Abteilung existiert. Dies ist die „rote Inquisition". Sie leitete den Terror der Jahre 1935 bis 1939 und bekämpfte nach Stalins Tod die Opposition, die Dissidenten. Die „roten Inquisitoren" nennen sich selbst tatsächlich „Inquisitoren“, doch, fügen sie hinzu, „so heissen wir auch in den Gerüchten, die im Volk über uns kursieren“. Solche Gerüchte kursierten in der Tat – wie wäre es angesichts des Ausmasses ihrer Aktivitäten auch anders möglich gewesen. Es geht hier jedoch nicht nur um den Namen. Die Mitarbeiter der 13. Abteilung des KGB vertreten in der Theorie und Praxis ihrer Tätigkeit vollumfänglich die Positionen der mittelalterlichen Inquisition. Sie studieren als Lehrmaterial die Protokolle der von dieser durchgeführten Ketzer- und Hexenprozesse, sie lesen Bücher, die von Mitgliedern oder Anhängern der Inquisition geschrieben wurden und in denen die Ränke des Teufels entlarvt werden, der den Menschen in Versuchung führt und auf den Scheiterhaufen bringt.

Die „rote Inquisition“ rehabilitiert die mittelalterliche Inquisition ausserdem vollständig (ein in der Geschichte beispielloser Fall), indem sie sie als Kämpferin gegen die Degeneration des Menschengeschlechts und als dessen Retterin preist. Gewiss, die alte Inquisition musste dann abtreten – sei es, weil sie allzu mild war, sei es weil die Menschen unfähig sind, gegen ihre Degradierung anzukämpfen, was dazu führte, dass der Teufel den Sieg über sie errang – einen Sieg, den die Degradierten als Anbruch des „Jahrhunderts der Aufklärung“ bezeichneten. Doch im Russland der dreissiger Jahre musste die Inquisition im Namen der Rettung Russlands wiedergeboren werden.

Nach Ansicht der „roten Inquisitoren“ ereignen sich sämtliche Revolutionen, Umstürze und Kriege, denen viele Millionen Menschen zum Opfer fallen, infolge einer ungewöhnlichen Vermehrung der Zahl jener, von denen es in den Evangelien heisst: „Ihr Name ist Legion“, d. h. Menschen, die von Dämonen besessen sind. Deshalb nennen die Inquisitoren diese Menschen „Legionäre“. Sie waren es, die die bolschewistische Revolution vom Zaun brachen und das Land in Leiden und Chaos stürzten. Diese Leiden nahmen kein Ende, weil die „Legionäre“ von einer

„permanenten" Revolution träumten. Aus diesem Grunde blieb nichts anderes übrig, als sie „wie tollwütige Hunde" – so der damalige Staatsanwalt Wyschinski – zu erschiessen. Dies war der eigentliche Grund für die Repressionen in der zweiten Hälfte der dreissiger Jahre.

In den Kursen für „höhere Soziologie" erzählen die Professoren, bei denen es sich um KGB-Generäle handelt, ihren Studenten – Ministern, besonders wichtigen Generälen, Mitgliedern von Parteiführung und Regierung etc. –, unverblümt, dass die ganze „Leninsche Garde", die während der Säuberung liquidiert wurde, Lenin selbst, ja sogar Stalin, Marx und viele, viele andere Persönlichkeiten, von denen die Geschichte mit Ehrfurcht kündet, lauter Degeneraten waren. Man kann sich leicht vorstellen, welche Wirkung dies auf das Bewusstsein der führenden Träger der offiziellen sowjetischen Ideologie in den sechziger und siebziger Jahren hatte. Sie mussten tatsächlich die Orwellsche Schule des Doppeldenkens durchlaufen. Nicht alle schafften das. Ein bekannter General tötete seine Frau, seine Kinder und schliesslich sich selbst; er hinterliess einen Abschiedsbrief, in dem er schrieb, nach dem, was er in diesen Kursen erfahren habe, könne er nicht weiter zusammen mit seiner Familie leben, und ohne sie auch nicht. Die Inquisitoren erzählen diese Geschichte ihren Studenten mit Stolz. So wurde ein vollkommen anderer Typ von Regierenden geschult, von denen eine gewisse Menge heute noch existiert. Diese „beflügelte" eine vollkommen andere Ideologie, deren Grundlage die Bibel bildete. Die Inquisitoren im Professorentalar sind mit deren Texten vollkommen vertraut und kennen ihren Inhalt nicht schlechter als erfahrene Theologen, nur bezeichnen sie die Bibel als symbolisches, allegorisches Buch. Natürlich, räumen sie ein, wurde sie von hervorragenden Menschen geschrieben, welche die Natur des Menschen durch und durch kannten, doch waren sie gezwungen, sich in einer Sprache auszudrücken, die für die niedrige Bewusstseinsstufe der Menschen des Altertums verständlich war. Die Inquisitoren jedoch haben diese Symbole entziffert und sagen deshalb stolz von sich selber, mehr als sie wisse „nur Gott". Sie sagen zu den Studenten: „Wir werden euch hier das neue Gesetz Gottes geben… etwas von der Art eines dialektisches Christentums".

Wir sehen hier, dass die alte Waffe der „Väter der Finsternis" tatsächlich durch eine neue ersetzt worden ist, was Konstantin Mereschkowski diesen ja geraten hatte. Und man kann in der Realität beobachten, wie sie das, was die „Brüder des Schattens" schon unter Lenin aus der Hand gegeben hatten, unter ihre Kontrolle nahmen.

In dem neuen „Göttlichen Gesetz" wird Gott als Gesundheit verstanden und der Teufel als Krankheit, als Komplex von Entartungen, der aus „sexuellen Perversionen, psychischen Krankheiten und einigen (aufgrund schlechter Erbanlagen entstandener) physischer Deformationen" wie Hinken, Schielen, grosse Muttermale etc. besteht.

Somit, schliessen die Professoren, „werden Teufel, Dämonen, unreine Kräfte und böse Geister zur objektiven Realität. Sie sind nichts anderes als verschiedene Arten psychischer Krankheiten. Die Seele ist der Geist. Eine Geisteskrankheit ist ein böser Geist, ein Teufel".

„Der Prozess der Entartung", sagen sie weiter, „ist eine Massenerscheinung, und darum heisst es in der Bibel auch über den Teufel: Mein Name ist Legion." Sämtliche „Legionäre" sind ihrem Wesen nach Hexen und Hexenmeister. Und die mittelalterliche Inquisition handelte weise, indem sie sie auf den Scheiterhaufen schickte. Wahrheiten dieser Art sind „lebendiges Wasser, um das Christentum wieder zu beleben, um zu begreifen, was es ist".

So dachte die „Geheimpolizei des neuen jungen Russland", und dies lehrte sie ihre Schüler Ende der achtziger Jahre verschwand „die rote Inquisition" von der politischen Arena, und in Russland kehrten jene an die Macht zurück, die ihrer Meinung nach „Hexen und Hexenmeister" sind. Und deshalb wird unvermeidlich eine Zeit eintreten, in der die Inquisition wiederum ihr Haupt erheben und mit ihren Methoden „das Chaos bändigen" wird, wodurch sie Russland (und die Welt) von den Degeneraten retten wird, in denen der Teufel herrscht, d. h. „die Komplexe" etc.

* * *

Die „Protokolle" sind auch ein höchst heimtückisches Buch. Nicht umsonst hat es kein Geringerer als der „Fürst diese Welt" geschrieben. Was auch immer sein Inhalt sein mag, man darf ihn nicht kategorisch verneinen, aber selbstverständlich auch nicht bejahen. Es ist tatsächlich vom „Fürsten dieser Welt" inspiriert, der heute Satan ist, der gefallene Geist der Persönlichkeit. Die Welt unserer Seele, insbesondere in ihren niedrigeren Sphären, steht offen vor ihm, und sie schildert er uns auch, indem er versucht, diese als letzte Wahrheit vom Menschen darzustellen, und hierzu bedient er sich der raffinierten Sophistik seines gigantischen Intellekts.

Diese Welt kann dem Menschen auch übersinnlich erscheinen, in Gestalt seines Doppelgängers, den Robert Stevenson in seiner Erzählung „Die seltsame Geschichte von Dr. Jekyll und Mr. Hyde" so bemerkenswert geschildert hat. Rudolf Steiner sagt von ihm, er sei eine Personifizierung aller menschlichen Unzulänglichkeiten und Laster, die auf der Astralebene Elementarwesen seien. Seinen Doppelgänger muss der Mensch veredeln. Die Mittel hierzu sind Kultur, Erziehung und Bildung, besonders jedoch geistiges Wissen und praktische esoterische Übungen, die im Menschen das Ich stärken und zu sittlicher Reinigung führen. Die Natur des Doppelgängers gilt es unbedingt mit geisteswissenschaftlichen Mitteln zu erkennen. Sie ist ungewöhnlich tief und wurzelt im Charakter der irdischen Evolution

94

des Menschen.

Im Verlauf der Evolution, sagt Rudolf Steiner, muss „der physische Leib alle Herrschaft verlieren. … Man muss ihn ertöten: „Ertöte in dir das väterliche Prinzip". … was ist er [der Mensch] dann imstande zu tun? Sich im Ätherischen mit dem zu vereinigen, was im Geist lebt… Man sagte: „Der das Väterliche in sich ertötet, vereinigt sich mit dem mütterlichen Prinzip". … Dann tritt etwas Furchtbares ein, wenn der Mensch diese Unterdrückung und Vereinigung unreif erzielt. … Dies drückt sich erschütternd in dem Drama des Ödipus aus… Wie sich in Kains Brudermord der nicht geschlichtete Kampf zwischen Astralleib und Ich auslebt, so im Drama von Laios und Jokaste (Ödipus) die ungeläuterte Initiation. Das sollte durch den Christus-Impuls kommen: durch die neuen, verstärkten Kräfte des Ich, des Selbstbewusstseins, sollten solche Verwirrungen (und Verirrungen) nicht mehr möglich sein… Was mit Christus gekommen war, sollte die alte Initiation mit neuen Kräften durchsetzen". (Vortrag vom 11. Januar 1910. Siehe „Das Johannes-Evangelium», 2005. Archiati-Verlag, S. 90–92).

Dies und nichts anderes gilt es den psychoanalytischen „Provinzen der Seele" entgegenzustellen. Die Psychoanalyse ersetzt dieses Wissen durch etwas Abscheuliches – den „Ödipus-Komplex", den „Elektra-Komplex", dem angeblich angeborenen Hang des Menschen zum Inzest etc. Solche geistige Verirrungen sind es denn auch, die unsere Zivilisation „zum Teufel geschickt" und der Herrschaft Satans überantwortet haben. Unter dieser Herrschaft wurde der jahrhundertelange Kampf zwischen Linken und Rechten zum Kampf um das Mittel zur Befreiung des Menschen von Komplexen und Degradationen. Die Linken bestehen in diesem Kampf darauf, dass es notwendig sei, den Instinkten vollkommene Freiheit zu gewähren und dem Menschen zuzurufen: Tu, was du willst! Mit der Zeit wird er dieser Freiheit müde werden und wird moralisch und wunderbar werden. Die Rechten hingegen wollen den Menschen in die Zeit *vor* dem Sündenfall im Paradies zurückführen, d.h. ihn jeglichen Wissens berauben, vom Fortschritt erlösen, ihn geistig zu einem Kind, zu einem Infantilen machen. Davon träumte Mereschkowski, und diese Idee zieht sich auch wie ein roter Faden durch die ganzen „Protokolle". Und von einer Zufälligkeit dieses Zusammenklanges kann, wie wir jetzt verstehen, hier nicht die Rede sein. Dabei stehen sowohl die einen als auch die anderen auf der Grundlage eines äusserst groben Materialismus, und gerade dieser ruft ja bei den Menschen psychische Krankheiten hervor. Wenn das so weiter geht, werden in naher Zukunft epidemische Ausbrüche von Wahnsinn beginnen, mit denen keine Inquisition fertig werden wird, zumal ihre Angehörigen selber psychisch anormal sind.

Es ist ihrerseits natürlich sehr scharfsinnig, die Bibel zur Allegorie zu erklären, aber daran ist nichts Neues. Schon ein Zeitgenosse von Jesus Christus, Philo von Alexandrien, legte das ganze Alte Testament allegorisch aus; was, wie Rudolf Steiner sagt, als Erleben gegeben ist, verwandelte er in Denkbilder. Das war für jene Zeit eine geistige Leistung, aber nicht für die heutige.

„Es sind dies die beiden grossen polarischen Gegensätze. Die abstrakte Welt, die in ahrimanischer Art vorausgenommen ist in Philo, und die Welt, die mit dem Christentum in die Menschheitsentwicklung einziehen soll. Man möchte sagen, von diesem Gesichtspunkt aus wird die ganze Welt zu einer Frage. Der Abstraktling – und Philo von Alexandrien ist vielleicht der genialste Abstraktling gewesen, weil er die späte Abstraktheit ahrimanisch vorausgenommen hat –, er will die Antwort für das Weltengeheimnis finden, indem er irgendwelche Gedanken fasst, die das Weltenrätsel lösen sollen. Dagegen ist das Mysterium von Golgatha der umfassende lebendige Protest. Niemals lösen Gedanken das Weltenrätsel, sondern die Lösung bleibt lebendig. Der Mensch selbst in seiner Totalität ist die Lösung des Weltenrätsels. Da erscheinen die Sonne, die Sterne, die Wolken, die Flüsse, die Berge, die einzelnen Wesenheiten der verschiedenen Naturreiche, indem sie von aussen sich offenbaren, als eine grosse Frage. Und der Mensch steht da, und in seiner ganzen Wesenheit ist er die Antwort. Das ist auch ein Gesichtspunkt, von dem aus das Mysterium von Golgatha betrachtet werden kann. Man sucht nicht Gedanken in ihrer Totheit dem Weltenrätsel entgegenzustellen; man stellt dem ganzen Menschen entgegen das, was aus dem ganzen Menschen heraus erlebt werden kann.

Nur ganz langsam und allmählich kann die Menschheit den Weg finden, um das zu verstehen". (GA 210, S. 114–115, 18. 2. 1922)

Was die Erbsünde betrifft, den „Bodenschlamm" des Doppelgängers und den hoffnungslosen Kampf mit ihm, so lehrt die Anthroposophie im Gegensatz zur Psychoanalyse: „In den Zeiten, in denen Erkenntnis und Religion eins waren, da wurde Erkenntnis nie anders genommen als gleichzeitig als Anweisung für den Menschen, um Heilung zu finden. Hier kommen wir dazu, uns klar zu sein darüber, dass die Erbsünde in Wirklichkeit eine Erkrankung des Menschen darstellt. Wenn das Bewusstsein mit ergriffen wird von dieser Krankheit, dann tritt eben keine Heilung, sondern ein weiteres Kranksein ein. Wir müssen das Bewusstsein, die Seele mit all ihren Kräften, der Sphäre der Sündenkrankheit entreissen.

Wir müssen also tatsächlich mit der Möglichkeit rechnen, dass mit dem Erdenuntergang alles, was moralisch gegründet ist, untergehen könnte, wenn wir es nicht durch den Christus Jesus am Leben erhalten und hinausführen würden über den Erdenuntergang, zu künftigen Daseinsstufen". (GA 343, S. 463, 1.10.1921)

Die Erbsünde führt durch Erkenntnis tatsächlich zur

Krankheit, aber nur dann, wenn das Denken abstrakt bleibt, verstandesbetont, nicht ins Lebende, Schauende metamorphosiert. Und man darf über diese Sünde nicht schockiert sein. Sie ist eine Notwendigkeit auf dem Weg des Menschen zur Freiheit:

„Da haben wir also Wesen, die haben nichts mit der Erbsünde zu tun. Auch diejenigen Wesenheiten, die nun die eigentlichen Versucher der Menschen waren im Gange der Erdenentwicklung, die repräsentiert sind durch die Schlange im Paradies, auch diese Wesenheiten haben nichts mit der Erbsünde zu tun, sondern mit einer frei durch sie begangenen Sünde. Erst im Menschen wird sie zur Erbsünde. Es ist dasjenige, was man Erbsünde und dann wiederum Freiheit nennt, das, was eigentlich dem Menschen spezifisch ist. Man findet überhaupt, dass die Errichtung einer jeden Daseinsstufe im gesamten Weltenall ihre gute Bedeutung hat, so dass nicht irgendetwas sich in vertikaler Richtung wiederholt. Also was bei den Tieren ist, ist nicht bei den Menschen, und was bei den Menschen ist, ist nicht bei den Engeln und so fort". (GA 343, S. 434–435, 6.10.1921)

* * *

In den Lektionen der „roten Inquisitoren" wird ausführlich aus den Werken verschiedener westlicher Autoren verschiedener Epochen zitiert, was beim Leser den Eindruck erweckt, die „Inquisitoren" würden die „Weisheit" der Menschheit lediglich *resümieren*. „Und wenn ihr all dies versteht", sagen die Inquisitoren im Professorentalar zu ihren Studenten, „werdet ihr nur noch sagen können: Jawohl, Stalin hatte recht, als er all diese Degeneraten ‚wie tollwütige Hunde' erschoss". Er führte de facto ein gigantisches Autodafé im ganzen Land durch. Und da er selbst ein Degenerat war, hat man, nachdem der Zerfall seiner Persönlichkeit begonnen hatte, auch ihn selbst verbrannt: Ein Inquisitor und Arzt reichte ihm das „Abendmahl", d.h. Gift.

„Die grosse Säuberung war eine historische Gesetzmäs-

98

sigkeit. So lautet das Gesetz alle Revolutionen." Denn Degeneraten waren auch Robespierre, Danton, Napoleon, Hitler, aber auch Churchill und Roosevelt.

Eine besondere Form der Degeneration ist nach Ansicht der mittelalterlichen, doch auch der heutigen Inquisitoren die Begeisterung der Menschen für die „Mystik". Alle Mitglieder von Geheimgesellschaften und Logen, erklären sie, „nennen sich Humanisten, und das Volk nennt sie Satanisten", sie alle sind sexuell pervers und so weiter. Zu ihnen zählten die Inquisitoren natürlich auch die Theosophen und die Anhänger der „Anthroposophie des Juden Rudolf Steiner".

Das führt zur allgemeinen Schlussfolgerung: Der menschliche Geist wurde allzu kompliziert, wie der „Mentor" bei Mereschkowski sagt, und deshalb ist er der Quell aller menschlichen Leiden. Und in diesem Fall – weg mit der Entwicklung, weg mit der Bildung!

Die "roten Inquisitoren" wiederholen gerne den bekannten Satz, dass der Teufel der Affe Gottes sei. Zwei Affen, wollen wir ergänzen. Einer davon schlägt jetzt in Europa seine Purzelbäume und versucht alle Europäer in kürzester Zeit zu zwingen, die ganze Menschheit zu lieben wie sich selbst, ja sogar noch mehr. Dabei wollen sie nicht nur die Europäer hierzu zwingen, sondern auch alle nach Europa gelangenden Afrikaner und Araber, die nichts vom Christentum und seinen Geboten wissen und auch gar nichts wissen wollen. In Deutschland beispielsweise ist man auf die Idee verfallen, von den Migranten ein schriftliches Versprechen zu verlangen, die Juden und den Staat Israel zu lieben. Es gibt kein effektiveres Mittel, die Feindseligkeit der Muslime gegen die Juden zu verstärken, als dieses. Der zweite Affe in der „roten Inquisition" hat jeden Zugang zur Psychosophie, zur geisteswissenschaftlichen Lehre von der Seele versperrt und die Psychoanalyse zur offiziellen Politik des totalitären Staates gemacht.

VI. Der dritte Knoten des „Untergangs Europas"

In dem, was wir in den vorhergehenden Kapiteln in aller Kürze dargelegt haben, verbirgt sich ein Weltenproblem von kolossaler Bedeutung. Und der Mensch muss Zugang zu seinem Verständnis finden. Aus diesem Grunde führen wir unsere politische Analyse ja auch auf anthroposophischer Grundlage durch. Hieraus ergibt sich die Notwendigkeit, die Vergangenheit mit geisteswissenschaftlichen Mitteln zu betrachten. In ihr spielten die Mysterien zu allen Zeiten eine entscheidende Rolle. Was die Mysterien des Altertums betrifft, so sollten ihre Methoden, ihre Erfahrungen, welche die Menschheit auf das Kommen Christi vorbereitet hatten, nach dem Mysterium von Golgatha „sterben" und in den Mysterien des Christentums „werden", um es mit Goethe zu sagen. Dies geschah auf dem verborgenen Wege des esoterischen Christentums, der mit dem Apostel Paulus, Josef von Arimathäa und Dionysius Aeropagit seinen Anfang nahm. Auf diesem Wege entstanden die Mysterien des Heiligen Grals, des Rosenkreuzertums, und schliesslich wurde in dieser Strömung die Anthroposophie geboren.

Auf dem äusseren, exoterischen Wege setzte sich die römische Kirche durch, die letzten Endes einen Kampf gegen das Werden des Ich-Bewusstseins und seine Versuche, zu einem realen Erleben der geistigen Welt zu gelangen, führte. Mit der Zeit rief dies heftigen Protest unter Menschen hervor, die sich dank des Wachstums ihres individuellen Bewusstseins nicht damit abfinden konnten. Dies galt ja beispielsweise für die Albigenser, die Katarer und die Templer. Doch zugleich waren auch viele Menschen, die das alte, noch nicht individualisierte Hellsehen bewahrt hatten, gegen Rom eingestellt.

Und nun entstand die Inquisition. Sie unterdrückte den geistigen Protest der „Ketzer", was ein grosses Übel und ein

Schandfleck für den Katholizismus war. Deshalb bemühte sich die „rote Inquisition" auch, dies als Kampf gegen die Degradation darzustellen.

Es gelang der Inquisition nicht, die „Ketzerei" auszumerzen, da diese ein objektives Resultat der Entwicklung der Persönlichkeit war. Die Inquisition erklärte die Früchte dieser Entwicklung zur Häresie und die Überreste des Hellsehens – zur „Hexerei" und verbrannte „Häretiker" und „Hexen" auf dem Scheiterhaufen. Doch in Wahrheit, erklärt Rudolf Steiner, verbrannte man die Hexen „aus dem einfachen Grund, weil die als Hexen bezeichneten Persönlichkeiten ja im Grunde genommen auch Medien waren und weil durch ihre Verbindung mit der geistigen Welt, wenn auch auf eine dem Materialismus angemessene Weise, Dinge hätten herauskommen können, die gewissen Leuten höchst unangenehm gewesen wären. So zum Beispiel hätte es gewissen Geheimgesellschaften höchst unangenehm werden können, wenn die Hexe, bevor sie verbrannt wurde, darauf aufmerksam gemacht hätte, was hinter dieser oder jener Gemeinschaft steckt… Diejenigen, die die Hexen verbrannten, wussten schon ganz genau, warum sie das taten": eben weil ihnen das hätte unangenehm werden können, wenn die Welt etwas über ihr böses Treiben aus dem Munde der Hexe hätte erfahren können. (GA 173, S. 297–298, 26.12.1916) Und wie hätten sie auch auf ein solches Treiben verzichten können, wenn sie schon damals Träger der Degradation des Menschengeschlechts waren, weil sie das Christentum nicht etwa entwickelten, sondern im Gegenteil bekämpften und korrumpierten. Psychisch gesunde Menschen können so etwas nicht tun. Dies ist einfach eine Tatsache. Unter diesen Umständen waren die Degeneraten die Inquisitoren selbst und nicht ihre Opfer.

Dann nahm der Protest gegen Rom die Gestalt der Reformation an. Eine solche Massenbewegung liess sich mit dem

Scheiterhaufen nicht mehr unter Kontrolle bringen. Deswegen wurde der Dreissigjährige Krieg angezettelt, in dessen Verlauf Mitteleuropa in Schutt und Asche gelegt wurde.

Die ehemaligen „Ketzer" begannen sich in Geheimgesellschaften, in Logen zu organisieren. Doch die Zeiten veränderten sich rasch. Es veränderte sich der Mensch selbst, indem er von der Offenbarung des Geistes weg, zur Erfahrung der sinnlichen Wahrnehmungen und zum abstrakten Denken ging. Und in den Logen verblieben anstatt eines wirklichen Vorstosses zum Erleben des Übersinnlichen nur tote Tradition, nur Gespräche über den Geist sowie Spielereien mit der Symbolik.

Die „Väter der Finsternis" führten während dieser Periode den Kampf gegen die „Ketzerei" dadurch, dass sie selbst in die Logen einzutreten begannen und in hohe Grade aufrückten, die ihnen das Recht verliehen, alle, die unter ihnen standen, zu lenken. Dies zu tun fiel ihnen leicht, denn im Orden der „Väter der Finsternis" „sind unzählige Menschen von einer solchen geistigen Kapazität drinnen, dass, wenn sie zerstreut wären in der äusseren Welt und sich nicht beschäftigen würden mit dem, womit man sich dort beschäftigt, sondern mit äusserer Wissenschaft oder Dichtung oder Malerei so würden sie da als einzelne individuelle Menschen wie Genies in der Menschheit verehrt… Diese Leute löschen ihren Namen aus, gehen auf in ihrem Orden und setzen ausserdem als Bedingung ihrer Stärke dieses, dass die Welt von alledem nichts weiss, wie ein solcher Kopf gebildet wird, der in der schwarzen Kutte und im Jesuitenhütlein dahergehet". (GA 198, S. 132–133 (6. 6. 1920)) Die gewöhnlichen Mitglieder der Logen ziehen in dem Masse, wie sie auf der Welt Macht erringen, der esoterischen Arbeit immer häufiger das Sybaritentum vor.

Nachdem sie in den Logen okkulte Macht erlangt hatten, begannen die „Väter der Finsternis" den Kampf gegen diese auf die Weise zu führen, dass sie sich ihren Absichten nicht widersetzten, sondern sie unterstützten, aber so, dass sie diese bis zur äussersten Absurdität steigerten. So wurden die hehren Ideale der Errichtung einer Gesellschaft der Freiheit, der Gleichheit und der Brüderlichkeit auf Erden in das verwandelt, was wir heute haben. Als Ergebnis entarteten die „Brüder des Schattens" völlig und wurden zum gehorsamen Werkzeug der politischen Machenschaften infernalischer Kräfte.

Zur gleichen Zeit entarteten jedoch auch die „Väter der Finsternis". Macht über die Menschen wurde für sie wichtiger als das Christentum selbst, als die Kirche selbst. Und die Tatsache, dass ein Vertreter der „Väter der Finsternis" jetzt in Rom Papst geworden ist, ist ein sehr schlimmes Symptom, das davon kündet, dass die Welt tatsächlich auf der Schwelle zu grossen und tragischen Umwandlungen steht.

* * *

Auf diese Umwandlungen können wir uns vorbereiten, wenn wir die Gesetzmässigkeit des „Untergangs Europas" in den beiden ersten Knoten verstehen. In diesem Zusammenhang gilt es die beiden Weltkriege des 20. Jahrhunderts als einen einzigen Krieg, einen neuen Dreissigjährigen Krieg (1914–1945) zu betrachten. Sein Ziel bestand nicht so sehr in der Erringung weltlicher Macht als in der Vernichtung der Mysterien des Christentums, die im Phänomen der Anthroposophie zutage treten, welche der Welt das Christentum der Epoche seiner *Verwirklichung* bringt (seine vorherige Epoche war die Epoche seiner *Vorbereitung*).

Zu seiner Bekämpfung bedarf es starker, radikaler Massnahmen – und zu solchen wird auch gegriffen. Schon 1871 schrieb der „Grosse Kommandeur" Albert Pike an seinen Freund Giuseppe Mazzini, einen Mitkämpfer Garribaldis, ein Geist habe ihm mitgeteilt, dass es unvermeidlich zu drei Weltkriegen kommen werde. Zwei davon haben bereits stattgefunden – nä-

103

hern wir uns also nicht dem dritten? (Oder hat dieser womöglich bereits begonnen?)

In seinem Brief legte Pike praktisch das Programm zur Errichtung einer „neuen Weltordnung" dar. Der erste Weltkrieg sollte das zaristische Russland zerschmettern und der Kontrolle der „Brüder der Linken" unterstellen. Der zweite Weltkrieg sollte via Manipulationen mit den deutschen Nationalisten und den politischen Zionisten ausgelöst werden. Als Ergebnis dieses Krieges sollte in Palästina ein Staat Israel begründet werden. Und schliesslich sollte der dritte Weltkrieg durch Meinungsverschiedenheiten zwischen den Zionisten und den Führern der islamischen Welt entfesselt werden. „Der Krieg wird so geführt werden, dass der Islam und der Zionismus einander gegenseitig vernichten. Währenddessen werden andere Länder, die in dieser Frage wiederum gespalten sein werden, gezwungen werden, bis zur völligen physischen, moralischen, geistigen und wirtschaftlichen Erschöpfung zu kämpfen. Der Krieg muss von Nihilisten und Atheisten vom Zaun gebrochen werden, wonach wir eine gigantische soziale Erschütterung provozieren werden, dessen Greuel die Verderblichkeit der Gottlosigkeit zeigen werden. Die revolutionäre Minderheit wird vernichtet werden, und die vom Christentum enttäuschte Mehrheit... wird von uns das wahre Licht der Lehre Luzifers erhalten".

Pike, der nicht nur Medien benutzte, sondern auch selbst ein Medium war, erhielt diese Einflüsterung von einem Geist derselben Art wie „Mahatma", der seine Mitteilungen durch die Luft an Blavatsky sandte, und der „Geist", der Sokolnizki in der Einzelzelle eines Gefängnisses das „Testament Peters des Grossen" einflüsterte.

Dies kann uns nicht ernsthaft beschäftigen. Wichtig ist uns der Hinweis darauf, dass in der „Prophezeiung" Pikes die Handschrift sowohl der „Väter der Finsternis" als auch der „Brüder des Schattens" deutlich zu erkennen ist. Von letzteren stammt das „wahre Licht Luzifers", während die Passagen über die „Nihilisten" und die „Verderblichkeit der Gottlosigkeit" zweifellos von den ersteren inspiriert worden sind. Es ist nämlich bekannt, dass es in den Logen als Zeichen schlechten Tons gilt, sich in diesem Geist auszudrücken.

Insgesamt fällt die „Prophezeiung" Pikes sinngemäss mit unseren eigenen Schlussfolgerungen zusammen. Das dritte Knoten des „Untergangs Europas" muss den beiden ersten gleichen, was bedeutet, dass am Anfang eine Revolution aufflammen muss, diesmal eine afro-arabische, die anschliessend in „napoleonische" Kriege übergeht, welche bis zur „völligen physischen, moralischen" etc. „Erschöpfung" geführt werden. Doch was ist mit einer „gigantischen sozialen Erschütterung" gemeint?

Bei der Beantwortung dieser Frage kann uns die von uns vorgenommene Betrachtung zweier einander polar entgegengesetzten Weltenkräfte behilflich sein. Die Auseinandersetzung zwischen ihnen nahm bereits im 20. Jahrhundert den Charakter eines Kampfes auf Leben und Tod an. Die Linken leiden immer noch an nervöser Zuckung von alle dem, was sie durchmachen mussten, als sie von der „grossen Transportoperation" erfuhren. Damals hing ihre Existenz schliesslich an einem Haar. Deshalb versetzt allein schon das Wort „die Rechten" sie in einen Zustand der Hysterie.

Um den endgültigen Sieg über diese „Rechten" zu erringen, überfluten sie Europa schon seit Jahrzehnten mit Migranten aus Afrika und Asien. Sie haben begriffen, dass man die Rechten nur „als Klasse vernichten" kann, um es mit den Worten der Linken selbst zu sagen, wenn man die weisse Rasse selbst vernichtet hat. Gewiss, auch die „Väter der Finsternis" sähen es ganz gerne, wenn ihre Gemeinde aus Mischlingen bestünde, aber sie selbst, die Elite, wollen weiss bleiben. Auch hier hat uns Mereschkowski alles Wesentliche erzählt.

Die Rechten begreifen sehr gut, was ihnen droht, und geben sich keinen Illusionen darüber hin, dass die Zeit gegen sie arbeitet. Die Welt driftet unerbittlich nach links ab. Mit den jetzt von ihnen ergriffenen Mitteln versuchen sie diesen Kurs jäh zu ändern. Auf parlamentarischem Wege werden sie das nicht schaffen können. Dieser Weg ist zu lang, und es bleibt keine Zeit dafür. Auch unter den Linken macht sich Unruhe breit, da sie die reale Gefahr eines weltweiten Rechtsrucks sehen. Dagegen gilt es etwas zu tun, und zwar schnell. All das hat den Anstoss zum Projekt „Tsunami" gegeben.

Im Prinzip passte die Entwicklung des Weltgeschehens in den letzten Jahrzehnten den Linken durchaus in den Kram. Sie warteten einfach auf ihre Stunde, die in 20 oder 30 Jahren gekommen wäre, wenn die Rassen Europas sich mit der Ablösung der alten Generationen durch die neuen friedlich miteinander vermischt hätten; die weisse Bevölkerung wäre vollständig umerzogen und hierdurch in die Lage versetzt worden, sich an die künftige „multikulturelle" Welt, ihre afro-arabische Umgebung, anzupassen. Und dies verleiht dem Gedanken Auftrieb, dass der „Tsunami" vermutlich in erster Linie von den Rechten ausgelöst wurde, um die Auswirkungen, welche die Aktivitäten der Linken heraufbeschworen hatte, bis ins Absurde anwachsen zu lassen. Auf diese Herausforderung konnten die Linken, um ihr Gesicht nicht zu verlieren, lediglich mit einem „jubelnden" „Ja"! antworten. Und genau das ist es im Grunde, was die Rechten brauchen. Sie treten, wie wir dargelegt haben, ebenfalls für die sozialistische Revolution ein. Diese wurde auf einem Titelblatt der Zeitschrift „Economist" im Jahre 2015 in Form einer „Schildkröte" vorausgesagt, die, wie die Kommentatoren richtig verstanden hatten, auf die linkssozialistische Fabian Society hinwies. In dieser Situation kommen die Interessen von den Linken und den Rechten, wie wir oben schon erwähnt haben, zusammen. In Europa lässt sich eine solche Revolution entfachen, indem man den durch die Gesetze der historischen Entwicklung bedingten grossen Krieg zwischen Ost und West hierher verlegt.

Doch wenn er ausbricht, werden ihn – im Gegensatz zu 1917 – di*e Rechten mit den Händen der Linken* verwirklichen. Dies wird es ihnen erlauben, den Sozialismus und die Sozialisten unrettbar zu kompromittieren. Dann wird die rechte Idee als Retterin begrüsst werden.

In diesem Fall wird klarer, warum die rechte Frau Merkel (sozialistische Christen kann es ebenso wenig geben wie weisse Schwarze) dermassen enthusiastisch dafür kämpft, dass in Europa eine „kritische Masse" von Migranten geschaffen wird. Sie ist mit hoher Wahrscheinlichkeit als Instrument ausgewählt worden, um die Absichten der Linken vollkommen ad absurdum zu führen. Die Orientierung in Richtung Sozialismus fällt ihr aufgrund ihrer Erfahrung mit dem Leben in der DDR dabei besonders leicht.

Die gegenwärtig immer schärfere Konfrontation zwischen Linken und Rechten lässt sich mit einem Duell zwischen zwei unversöhnlichen Widersachern vergleichen. Zuerst traten sie mit dem Degen, dann mit der Pistole gegeneinander an. Doch der technische Fortschritt macht nicht Halt, und jetzt sehen wir, wie sie einander in Flugzeugen bekämpfen. Sie attackieren sich gegenseitig furios und beschiessen einander mit Maschinengewehren. Bei diesem Duell haben die Linken anscheinend gemerkt, dass ihr Feind erfahrener und stärker ist und dass die Masse der Bevölkerung auf seine Seite übergeht. Deshalb hat man bei diesem Kampf mit der Zeit sämtliche Regeln über Bord geworfen. In jüngster Vergangenheit hat die linke Presse begonnen, jene, die nicht links denken, als „Pöbel" zu betiteln. Dies ist jedoch ein Ausdruck aus dem Vokabular der Aristokraten für die Angehörigen der unteren Schichten. Und ausserdem kritisiert man die Migrationspolitik Merkels mittlerweile auch schon in Brüssel. Hockt da auch etwa Pöbel? Aber das dicke Ende kommt noch: Die Linken mobilisierten die türkische Diaspora Berlins gegen die Rechten. Dieser Schritt war zwar zu erwarten, doch ist er verhängnisvoll. Er bedeutet, bildlich ausgedrückt, dass unsere „Duellanten" zum Frontalangriff angetreten sind! Und dies, obwohl ihre „Flugzeuge" Passagiermaschinen und bis zum letzten Platz mit Fluggästen besetzt sind.

Die Rechten haben sich mit dem Sturmangriff einverstanden erklärt, weil sie noch in der Lage sind, einen Prozess zu steuern, welcher der Kontrolle der Linken anscheinend bereits entglitten ist. Dies erinnert buchstäblich an das, was in Russland im Zeitraum zwischen 1917 und ungefähr 1930 geschah, nur mit dem Unterschied, dass die Jahre 1917 und 1930 diesmal vielleicht zu einem Jahr zusammengefasst werden können. Und deshalb wird die „gigantische soziale Erschütterung" mit den „napoleonischen" Kriegen zusammenfallen. Diese Erschütterung wird die dritte, „schwarze" Inquisition sein.

Die „Väter der Finsternis" halten sich für die Entwicklung (oder die Nicht-Entwicklung) der Menschheit verantwortlich. Sie treten für eine Gruppenmoral ein, die es ermöglicht, die Menschen an der Kandare zu halten. Die moralische Degradation richtet die Seele des Menschen zugrunde, doch gleichzeitig wird er eigenwillig, entsagt jeglichem Glauben, jeder Religion. In diesem Zustand können die Linken ihn zwar steuern, aber mit Mitteln, die die Rechten ablehnen. Die beiden Lager sind ja immerhin Antipoden. Und schlussendlich können die Rechten die moralische Degradation des Menschen nicht weiter dulden; sie können den „Teufel" der Degradation nicht tolerieren, der unerhörte Macht über die Menschen errungen hat. Deshalb tragen überall, in Nordafrika, in der arabischen Welt, manche Leute, bildlich ausgedrückt, Haufen von Brennholz zusammen und übergiessen dieses mit Benzin, worauf andere herantreten und die Haufen in Brand stecken. Einen solchen Haufen hat man in der Ukraine zusammengetragen und angezündet, und jetzt droht dasselbe in der Türkei. Doch trägt man solche Haufen auch in Europa zusammen. Und um sie herum tanzen Psychopathen mit brennenden Augen und klappern mit ihren Feuerzeugen.

Doch in der Befehlszentrale der Rechten herrschen Selbstsicherheit und Gelassenheit. Hiervon zeugt das Titelblatt der ersten Ausgabe des „Economist" im Jahre 2016. Was dort abgebildet ist, ist im Grunde eine Neo-Arche Noah.

Das „neue Atlantis", das Francis Bacon verkündet hat, die „Grube materieller Kultur", steht unmittelbar vor dem Untergang. Es wird von einer neuen weltweiten Sintflut überschwemmt – dem „Tsunami". Deshalb steht die „Arche" auch schon bereit. Das begeisterte Bild von Merkel verdient es durchaus, den Bug dieser Arche – oder ist es ein Eisbrecher? – zu zieren. Der „Eisbrecher" durchbricht kein kaltes, totes Eis, sondern zerschneidet lebendes Fleisch. Das ist die „Besonderheit" der Epoche. Und es erweist sich nun, dass der „Eisbrecher" des Bolschewismus nicht etwa Hitler war, wie Viktor Suworow behauptet, sondern diese Dame.

Die Passagiere an Bord der „Arche" benehmen sich unterschiedlich. Mr. Cameron ist zutiefst besorgt. Er überlegt sich: Ist es nicht an der Zeit, sich von dieser „Arche" abzusetzen? Doch wie soll man das anstellen? Miss Janet Yellen, Präsidentin des Federal Reserve Board, macht ein Gesicht, als wolle sie schreien: Was ist los, seid ihr total durchgedreht? In einer ähnlichen Stimmung befindet sich Madame Lagarde. (Frauen haben immer mehr gesunden Menschenverstand als Männer.) Monsieur Hollande trägt eine Krawatte in Trauerfarben. Er hat eingesehen, dass der Untergang einer alles in allem doch wunderbaren Zivilisation unvermeidlich ist und hat sich bereits damit abgefunden. Putin wirkt rätselhaft in sich gekehrt. Er denkt nach…. Ja, worüber denkt er eigentlich nach?..

Untergang der „Neuen Atlantis“
Neo-Arche Noah

Wohin fährt die Arche denn? Nun, ihr Endziel ist natürlich das „Irdische Paradies“; deshalb ist das Kommando auf
ihr auch in Form eines Dreiecks dargestellt, gebildet durch den
Papst – den Kapitän, Madame Le Pen – Steuermann, und den

Neujahrs-Umschläge der Zeitschrift „Economist“

„Eisbrecher des Bolschewismus". Vorderhand hat die „Arche"
das Paradies noch nicht erreicht, sie muss noch den bevorstehenden Sturm überleben. Doch was dann geschieht, darüber mag
man gar nicht nachdenken. Trotzdem bleibt noch Hoffnung:
Vielleicht können sie sich doch noch verständigen, wenn sie sehen, dass zwischen ihnen ein ungefähres Kräftegleichgewicht
herrscht; vielleicht verschieben sie das entscheidende Gefecht
auf später, und da alles fliesst und sich verändert, wird die Welt
anders werden und die Menschen auch. Wichtig ist noch, sich
in Erinnerung zu rufen, dass auf dem Weg dieser Seefahrt die
Inkarnation Ahrimans steht.

* * *

Was erwartet Russland in dieser Situation in naher Zukunft? Das von uns im ersten Teil geschilderte Szenarium bleibt
in Kraft. Die Ukraine wird, mindestens teilweise, mit Russland
vereinigt werden, wird aber vor dieser Vereinigung schwer leiden müssen. Dafür hat man ihr die unbegrenzte Freiheit, sich in
einen Rausch der Russophobie zu steigern, aber sehr wenig Brot
und Wärme gegeben. Auch ihre Führer haben sich im Umgang
mit der Bevölkerung grenzenlose Freiheiten erlaubt.

Eine insgesamt interessante Prognose über unsere Zukunft haben wir in einer Zeitung gefunden. Dort liest man:
„Aber auch uns steht in naher Zukunft allerhand bevor. Tech-
nologische Katastrophen, die in ökologische übergehen, können
solche Ausmasse erreichen, dass Atombombenexplosion nicht
mehr nötig werden. Die Grenzen werden fallen – viele jedenfalls. Und von den „hungrigen Horden", von denen Majakowski
spricht, werden mehr als genug durchs Land ziehen. Klimakata-
strophen sind mehr als wahrscheinlich.

In solchen Augenblicken meldet sich in Russland jemand zu Wort, der spricht: „Es gibt eine solche Partei!" (ein
Ausspruch Lenins); er tritt an die Spitze des Landes und schafft

mit furchtbarer Grausamkeit Ordnung. Geht es denn nicht ohne Grausamkeit ab? Ich fürchte, das wird nicht möglich sein. Das Ausmass der Grausamkeit ist stets proportional zum Ausmass der Zersetzung. Eine Revolution – das bedeutet Zersetzung, das bedeutet das Auseinanderbrechen, den Zerfall des altehrwürdigen Gemachs der alten Welt. Der Aufbau – das ist bereits die Überwindung der Revolution. Und wir, das ganze Volk, werden anfangen müssen aufzubauen. Das Leben zu organisieren…

Es wird mit Sicherheit das eintreten, was Konstantin Leontjew „Byzantinismus" nannte – die Verbindung von geistiger und weltlicher Macht zu einem einzigen Ganzen. Auf diesem Grundsatz beruhte einst die orthodoxe russische Monarchie, die Moskau zum dritten Rom ernannt hatte. Es wird auch Züge des Stalinismus und überhaupt des sowjetischen Sozialismus geben. Doch wird es unter keinen Umständen eine Rekonstruktion oder ein déjà-vu sein. Es wird etwas Neues sein", etc. Eine sehr realistische Prognose. Dergleichen Gedanken gehen offensichtlich auch Putin auf der „Arche" durch den Kopf.

Was kann man in Russland sonst noch an Bemerkenswertem finden? Die Idee, eine „nationalistische Internationale" zu begründen, gewinnt stetig mehr an Boden. Immer häufiger tritt in Europa ein positives Verhältnis gegenüber Russland zutage. Hier ein interessantes Foto zu diesem Thema.

Bei einer Kundgebung gegen den „Tsunami" in Deutschland ertönte die Losung: „Merkel nach Sibirien! Putin nach Berlin!" Sehr geistreich! Bisweilen stellt man sich die vorsichtige Frage, ob das Projekt der „Grossen Transportoperation" womöglich heute noch lebendig ist...

Jedenfalls, und dies zeigt die Erfahrung der Vergangenheit, kommt man bei den entscheidenden Auseinandersetzungen zwischen den Antagonisten auf der Bühne des Weltgeschehens nicht ohne Russland aus. Keine Seite kann bei diesen Zusammenstössen den Sieg erringen, ohne Russland auf seine Seite zu ziehen. Mit hoher Wahrscheinlichkeit wird es, wenn der Tanz beginnt, auch dieses Mal darin beteiligt sein. Es ist beileibe kein Zufall, dass der russische Patriarch auf der „Arche" neben dem Papst steht. Ob sie bei ihrem Treffen nicht über diese Dinge gesprochen haben mögen?

Russland wird also in den Konflikt verwickelt werden, und dann wird, wie es in Puschkins Märchen vom Zaren Saltan heisst,

Und abermals hört man den Hahn laut krähen:

Könnt ihr das Heer dort im Osten nicht sehen?[*]

Da haben wir also unser Szenarium (siehe Teil 1).

---

[*] In diesem Märchen geht es um einen sorglosen Zar (Puschkin meint hier sicher den russischen Zar), dessen Reich von allen Seiten durch Feinde attackiert wird, die ihn doch nicht überraschen können, weil der Zar ein Zauberhänchen hat, das auf der Palastspitze sitzt und, wenn ein Feindesheer sich nähert, sich nach entsprechende Seite dreht und kikeriki schreit.

VII. „Das Tier aus dem Abgrund"

Nun bleibt uns noch die Aufgabe, die Konstellation unserer Zeit in der Welt der übersinnlichen Kräfte zu betrachten und zu verstehen, weswegen alles, was sich gegenwärtig abspielt, dermassen tragisch ist. In diesem Zusammenhang führen wir eine ausserordentlich eindrückliche Mitteilung Rudolf Steiners an. In einem seiner Vorträge sagt er:

„Das Weltenall besteht seiner inneren Substanz und Wesenheit nach, insofern es das All des Menschen ist, aus lauterer Liebe, es ist nichts anderes als lautere Liebe. … Aber diese Liebe ist eben ein Innerliches, sie kann innerlich von Seelen erlebt werden. Sie würde niemals zur äusseren Erscheinung kommen, wenn sie sich nicht zunächst ihren Körper bildete aus dem Elemente, dem ätherischen Elemente des Lichtes…

Das Weltall, insofern der Mensch darin wurzelt, ist durch das Licht äusserlich zur Erscheinung gelangende innerlich wesentliche Liebe. Wesentlich, weil wir es hier zu tun haben mit all den Wesenheiten der höheren Hierarchien, die von dieser Liebe getragen werden und die diese Liebe innerlich erleben… Der äussere Schein der Wesen ist Liebe, und der äussere Schein von Liebe ist Licht".

Stellen wir uns vor kristallklares Wasser, das von einem schmutzigen Schwamm aufgesogen wird. Wenn man ihn danach auspresst, kommt schmutziges, trübes Wasser heraus. „Die göttliche, im Lichte erscheinende Liebe, aufgesogen im Zeitalter der Bewusstseinsseelenentwicklung von all den Ingredienzien des Bösen, die in der Zeit der Bewusstseinsseelenentwicklung latent oder offenbar in der Menschheit wüten, wird der göttliche Zorn.

Das ist das Geheimnis des nächsten Zeitalters, dass

durch dasjenige, was in der Menschheit geschieht, die göttliche Liebe erscheinen wird in der Form des göttlichen Zornes – des göttlichen Zornes, der schützen wird vor allen materiellen Gestaltungen, die entstehen infolge des materialistischen Bewusstseinsseelenzeitalters, der schützen wird dadurch, dass er diese Gestaltungen untergehen lässt, vor dem weiteren schädigenden Wirken". (GA 346, S. 215–219, 19.9.1924)

Unter den sieben Erzengeln, welche die Entwicklung der Kulturzonen steuern, gilt Oriphiel als Erzengel des „göttlichen Zorns". Und nun bereitet er vorübergehend, nicht in seiner Epoche, für den Erzengel Michael die Voraussetzungen vor, unter denen Michael, trotzt aller Hindernisse des Materialismus, seine Mission in seiner heutigen Epoche erfüllen kann.

Die Schuld der Menschheit gegenüber der Entwicklung hat schon lange angefangen, sich anzuhäufen, und zwar auf folgende Weise:

„Christus hat ja auch Seine Jünger in esoterische Schulung genommen nach Seiner Auferstehung, Er gab ihnen manche bedeutsame Lehren. Das alles pflanzte sich zunächst in den ersten Jahrzehnten fort, nachdem das Mysterium von Golgatha vollendet war. Das hätte einmal ein Ende nehmen müssen… es gab in den als gnostisch verschrienen Schriften und sonstigen älteren Ausführungen der alten Kirchenlehrer, die noch Schüler der Apostel waren oder Schüler der Apostelschüler, gewaltige esoterische Lehren über das Christentum, die von der Kirche dann ausgerottet worden sind, weil die Kirche dasjenige weghaben wollte, was immer mit diesen Lehren verbunden war: das Kosmische". (GA 346, S. 128–129, 13. 9. 1924) Dieses Kosmische, Sonnenhafte an Christus suchte bereits Julian Apostata, wofür er auch umgebracht wurde.

Jetzt, meint Rudolf Steiner, sei es schwierig zu sagen, „was aus der europäischen Zivilisation geworden wäre, wenn der so mächtige, auch äusserlich mächtige Tempelherren-Orden

– man hat ihm seine Schätze ja genommen – seine Absichten hätte ausführen können. Aber in den Herzen und Seelen derjenigen, die nicht früher ruhen konnten, als bis dieser Orden 1312 untergegangen war und Jakob von Molay 1314 den Tod gefunden hatte, in den Herzen derjenigen, die die Widersacher des kosmischen, des in den Kosmos hinausschauenden Christus waren, lebte Sorat wieder auf, und nicht zum geringsten Teile so, dass er sich der damaligen Gesinnung der römischen Kirche bediente, um gerade die Templer zu töten". Sorat erschien als Vision im inneren Schauen der gefolterten Templer, weswegen sie sich selbst und ihren Orden furchtbar verleumdeten. Ein schreckliches dämonisches Schauspiel entfaltete sich vor ihren Seelen. (GA 346, S. 119–120 (12. 9. 1924)) Und eine ähnliche Vorstellung wird grandiös auf der "Bühne" der heutigen Zeit aufgeführt.

Was ist das für ein Geist, dieser Sorat? Als wir ihm ersten Teil davon sprachen, dass sich Ahriman in einem Rhythmus von jeweils 666 Jahren inkarniert, muss man dabei im Auge behalten, dass dies der Rhythmus einer anderen, noch mächtigeren kosmischen Wesenheit ist, die keine irdische Verkörperung nötig hat – und diese Wesenheit ist Sorat.

In der Bibel heisst Sorat Satan. „Satan hat den Rang von Urkräften, von Archai, und er ist derjenige, welcher im Verlaufe der Weltenevolution diese Intellektualität ergriffen hat, lange bevor sie in der Art, wie es geschildert wurde, an den Menschen herantritt. Er ist gegenwärtig sozusagen der umfassendste Besitzer der Intellektualität, und er strebt danach, die menschliche Intellektualität so stark an die seinige zu binden, dass der Mensch auf diesem Wege herausfallen kann aus seiner Evolution. Also das Mysterium von Golgatha unwirksam zu machen danach strebt diese ahrimanische Macht".

Bislang kann sie nur auf den Menschen Wirkung ausüben, aber es wird die Zeit kommen, wann ihrer Versuchung sogar Erzengel unterliegen werden.

Nur durch Intellekt gewinnt Satan Zugang zum Menschen, „denn der Intellekt sitzt so im Menschen, dass er im Menschen das Allerselbständigste vorstellt; alles übrige [Gefühle, Empfindungen, Begehrumgen] hängt an gewissen göttlichen Mächten". Deswegen obliegt es dem Menschen, sich freiwillig mit den Zielen der Apokalypse zu identifizieren, denn da wird erscheinen diejenige Macht, „die das Alpha und Omega der durchgehenden Schöpferkräfte, das Schöpferwesen der Evolution darstellt".

Mit einer besonderen Kraft wirkte Satan im Osten Europas, wo man im bolschewistischen Experiment mit allen Mitteln danach trachtete, die Menschen so in Gruppen zu verbinden, dass Gruppenseelenhaftigkeit notwendig entstand. „Wenn dann die Intelligentesten so hinübergenommen werden in das niedere Gebiet des Ahrimanischen, dann können die Gruppen, die da gebildet werden, als Gruppen nur ahrimanischen Mächten zugeteilt werden; und dann wäre das der Weg für die satanischen Mächte, um die Menschheit aus der Erdenevolution herauszureissen und in eine andere planetarische Evolution hineinzubringen. Die Gruppenseelenhaftigkeit kann eben nur dann gelingen, wenn das intellektuelle Element in einer gewissen Weise vollständig emanzipiert wird. Dazu werden im Osten heute die allerraffiniertesten Ansätze gemacht… es kommt aber durchaus in Mittel- und Westeuropa auch vor", z.B. in der experimentellen Psychologie von William James und anderen, die eine statistische Betrachtung in die Psychologie einführen, usw. (GA 346, S. 257–260 (22. 09. 1924)), und jetzt auch in dem, was auch uns von Tag zu Tag wartet und was bereits im Laufe der letzten Jahrzehnte aktiv vorbereitet wurde, denn „überall, wo Ausschweifung ist, dort ist die Materie gegeben, in der mächtige asurische Kräfte raffinierte Intellektualität ausströmen in die Welt… Der schwarze Magier bezieht gerade aus dem Sumpf der Sinnlichkeit seine stärksten dienenden Kräfte. Die sexuellen Riten sind dazu da, um in diese Kreise hineinzubannen". (GA 93a, S. 149, 17.10.1905)

Somit erhalten wir eine äusserst tiefgründige Erklärung dessen, was heute geschieht und warum es geschieht.

In der letzten Epoche Oriphiels stieg Christus am Karsamstag „in die Hölle" und bannte Satans Macht; er versetzte sie für eine gewisse Zeit in eine Art latenten Zustand, um den Menschen Zeit zu verschaffen, sich mit dem Christus-Impuls zu vereinen. Doch in der Apokalypse heisst es, dass das „Tier" irgendwann" aus seinem Gefängnis befreit werden wird: „Man müsste im Sinne des Apokalyptikers sagen: Ehe denn der ätherische Christus von dem Menschen in der richtigen Weise erfasst werden kann, muss die Menschheit erst fertig werden mit der Begegnung des Tieres, das 1933 aufsteigt". (GA 346, S. 239–240, 20.9.1924)

Interessanterweise sagten einige nicht besonders helle Anthroposophen, nachdem sie dies gelesen hatten, selbstzufrieden: Ah! Jetzt ist alles klar: Hitler ist ein Asura! Ihnen war offenbar unverständlich, dass der gefallene Geist der Persönlichkeit, der Archai, nur im allgemeinmenschlichen Sinne wirkt und überall auf dieselbe Weise: Zu seinen Methoden gehören auch der Fussball, die Diskothek, die Rockkonzerte und die sexuelle Revolution; er ist in allen bolschewistischen und grossen sozialpsychologischen Experimenten anwesend. Das Jahr 1933 war dadurch bemerkenswert, dass damals der Aufbau des umgekehrten Pentagramms als Ausdruck der Sozialisierung der Tätigkeiten des Asura, Satans, *vollendet* war.

Dies spielte sich ab in unserer Zeit auf sozialpolitischer Ebene, doch klingt es an das an, was am Anfang der christlichen Ära war. Der Verfasser der Apokalypse sah „hinter die Kulissen desjenigen, was geschah, indem das Christentum aus Rom nach dem Osten [nach Byzanz] flüchtete, und er sah das Christentum

andere Formen des Erkennens annehmen [materialistische]. Er
sah hereinbrechen in dieses nach zwei Seiten hin [Osten-Wes-
ten] vom Schein bedrohte Christentum das mächtige Gegenprin-
zip des Arabismus. Und indem er hinter die Kulissen der äusseren arabischen und mohammedanischen Taten sah, war ihm
klar: da arbeitet gegen den Sonnengenius, gegen die Sonnen-
intelligenz, der Sonnendämon [Sorat]… „Dem Sonnendämon
ergebene Menschen" ihrer Seelenart nach, so würde der Apoka-
lyptiker, wenn er darum gefragt worden wäre, die Vertreter des
Arabismus in Europa genannt haben. Und ihm war es klar, dass
aus diesem Arabismus alles aufsteigt, was den Menschen an die
Tierheit heranbringt, in den Anschauungen, aber nach und nach
ja auch in den Willensimpulsen…

Was würde denn geschehen, wenn der Arabismus, die
Lehre des Sonnendämons, vollständig siegen würde? – Dann
würde die Menschheit herausgeworfen aus dem Erleben solcher
Zustände, wie sie von den Menschen erlebt werden müssen,
wenn das Wirken des Karma aus früheren Inkarnationen oder
Transsubstantiation erfasst werden soll. Letzten Endes war das,
was aus dem Arabismus herausfloss, gegen das Verständnis der
Transsubstantiation gerichtet. Gewiss, die äusseren Tatsachen
schauen nicht so aus", aber der Sonnendämon, der „nur das alte
Vater-Prinzip, die natürlichen Zusammenhänge gelten lässt",
hatte gerade diese Absicht. (GA 346, S. 117, 12.9.1924)

„Zum Ende dieses [20.] Jahrhunderts", fährt Rudolf Steiner in demselben Vortrag fort, „kommen wir zu dem Zeitpunkt,
wo Sorat wiederum aus den Fluten der Evolution am stärksten
sein Haupt erheben wird, wo er sein wird der Widersacher jenes
Anblickes des Christus, den die dazu vorbereiteten Menschen
schon in der ersten Hälfte des 20. Jahrhunderts haben werden
durch die Sichtbarwerdung des ätherischen Christus. Es wird nur
noch zwei Drittel des Jahrhunderts dauern, bis Sorat in mächti-
ger Weise sein Haupt erheben wird". Im Jahre 666 „war Sorat

noch hineingeheimnisst in den Evolutionsgang der Ereignisse; man sah ihn nicht in äusserlicher Gestalt, er lebte in den Taten des Arabismus drinnen… Als die zweiten 666 Jahre abgelaufen waren, zeigte er sich schon in dem Denken und Fühlen der gefolterten Templer. Und noch vor Ablauf dieses Jahrhunderts wird er sich zeigen, indem er in zahlreichen Menschen auftreten wird als diejenige Wesenheit, von der sie besessen sind. Man wird Menschen heraufkommen sehen, von denen man nicht wird glauben können, dass sie wirkliche Menschen seien". (Ebenda, S. 122.)

Sorat wirkt auch als fürchterliche unternatürliche Kraft. Er versucht nicht nur den Menschen, sondern auch die gesamte Erde von ihrem Weg abzubringen. Er ist nicht nur eine böse, sondern auch eine hohe, wenn auch auf Abwege geratene Macht: Für Michael „ist eigentlich Satan nicht eine zu verachtende Macht, sondern eine ungeheuer zu fürchtende Macht, weil Michael diese Macht, die in die Hierarchie der Archai hineingehört, höher stehend erscheint als er selbst. Nur schlägt Michael eben die Richtung ein, die im Sinne der Erdenentwicklung ist.

Michael hat vor langer Zeit schon beschlossen, in denjenigen Planetenkreisen zu wirken, die durch das Sonnendasein vorgezeichnet sind. Satan ist eine Macht, die fortdauernd in unserem Kosmos lauert. Es hat etwas Unheimliches, dieses Lauern des Satans. Man kann dies wahrnehmen, meine lieben Freunde, in den Augenblicken, wo man einen Kometen durch unseren Kosmos schiessen sieht, der eine andere Bahn hat als die Planeten".

„Die Vorstellung, dass diese Kometen lange Ellipsen beschreiben, ist ja ein Unsinn… Und da lauert Satan, um jeden Kometen, der da kommt, abzufangen und ihn in seiner Schwungrichtung zu benutzen, damit er die Planeten aus ihrer Bahn herausbringen kann und damit auch die Erde. … Dadurch würde aber dieses System der Wandelsterne, in deren Bahnen die Menschen sich bewegen sollen, jenen göttlich-geistigen

Mächten weggenommen und in ganz andere Weltenevolutions-Richtungen hineingebracht werden. Diese Absicht wird von Michael als eine ganz furchtbare Verirrung angesehen, von der sich aber Michael sagen muss: Ich könnte die Absicht nicht einmal haben, weil sie für ein Wesen, das in der Hierarchie der Archangeloi steht, von vornherein eine aussichtslose Aufgabe wäre. – Nur bei Wesen, die in der Hierarchie der Archai stehen, können die Kräfte ausreichen, um so etwas zu vollführen. Michael, der innerhalb der Planetenbahnen aus der Sonne wirkt und der das geworden ist, was man im Okkultismus den Erzengel der Umlaufzeiten oder einen Planetengeist nennt, er hat längst beschlossen, in seinem Wirken bei diesen Umlaufzeiten zu bleiben. Es ist eine Engel-Entscheidung, bei diesen Umlaufzeiten zu bleiben". (Ebenda, S. 162–163, 15.9.1924)

Deshalb ist es die heilige Pflicht jedes Menschen, im Geiste der Absichten des Erzengels Michael zu leben und zu handeln. Und was das Herausbringen von Planeten aus ihrer Umlaufbahn betrifft, so haben auch materialistische Gelehrte bereits darauf hingewiesen, dass im Kosmos, der die Erde umgibt, etwas nicht ganz stimmt.

Schliesslich gilt es auch unbedingt zu beachten, dass, wie sich die Dinge in der übersinnlichen Welt auch gestalten mögen, vieles, vielleicht sogar das Wesentlichste, davon abhängt, was die Menschen tun. Und diese müssen – ganz gleichgültig, was die Leute Sorats schreien mögen – wissen: *„Das ist das Charakteristische, was vorzugsweise durch das Mysterium von Golgatha angefacht worden ist: dass die spirituellen Impulse hinuntergeführt worden sind bis ins unmittelbar Physisch-Menschliche, dass gewissermassen das Fleisch von dem Geiste ergriffen werden muss. Es ist noch nicht geschehen... Aber dieses Hinuntertragen der spirituellen Impulse war es, um dessentwillen der Christus in einem menschlichen Leibe Fleisch geworden ist. Und dieses Hinuntertragen, dieses Durchimprägnieren des Flei-*

sches mit dem Geiste, das ist das Charakteristische der Mission, die Mission überhaupt der weissen Menschheit. Die Menschen haben ihre weisse Hautfarbe aus dem Grunde, weil der Geist in der Haut dann wirkt, wenn er auf den physischen Plan heruntersteigen will. Dass dasjenige, was äusserer physischer Leib ist, Gehäuse wird für den Geist, das ist die Aufgabe unserer 5. Kulturepoche, die vorbereitet worden ist durch die anderen vier Kulturepochen [d.h. dies ist im Verlauf von fast 10.000 Jahren vorbereitet worden! G.B.]. *Und unsere Aufgabe muss es sein, mit denjenigen Kulturimpulsen uns bekanntzumachen, welche die Tendenz zeigen, den Geist einzuführen ins Fleisch, den Geist einzuführen in die Alltäglichkeit.*

Wenn wir dies ganz erkennen, dann werden wir uns auch klar sein darüber, dass da, wo der Geist noch als Geist wirken soll, wo er in gewisser Weise zurückbleiben soll in seiner Entwicklung – weil er in unserer Zeit die Aufgabe hat, ins Fleisch herunterzusteigen –, dass da, wo er zurückbleibt, wo er einen dämonischen [d.h. elementaren; G.B.] *Charakter annimmt, das Fleisch nicht vollständig durchdringt, dass da weisse Hautfärbung nicht auftritt, weil atavistische Kräfte da sind die den Geist nicht vollständig mit dem Fleisch in Einklang kommen lassen...*

Die weisse Menschheit ist noch auf dem Weg, immer tiefer und tiefer den Geist in das eigene Wesen aufzunehmen. Die gelbe Menschheit ist auf dem Wege, zu konservieren jene Zeitalter, in denen der Geist ferne gehalten wird vom Leibe, in denen der Geist gesucht wird ausserhalb der menschlich-physischen Organisation, bloss dort. Das aber muss dazu führen, dass der Übergang von der 5. Kulturepoche in die 6. Kulturepoche sich nicht anders abspielen kann denn als ein heftiger Kampf der weissen Menschheit mit der farbigen Menschheit auf den mannigfaltigsten Gebieten". Und das, was diesem Kampf vorausgeht, wird die Weltgeschichte bis zu den grossen Schlachten zwischen diesen Teilen der Menschheit beschäftigen. Wir stehen hier vor etwas Kolossalem, was sich in der Zukunft notwendigerweise abspielen wird.

Was in der 6. und der 7. Kulturepoche kommen wird, wird die Werke der 5. Epoche in sich aufnehmen und von diesen Werken leben müssen. „Die 5. Kulturepoche hat die Aufgabe, das äussere idealistische Leben zum spirituellen Leben zu vertiefen". Doch „im Osten wird man nicht die Kräfte haben, ein eigenes Geistesleben produktiv hervorzubringen, sondern nur dasjenige, was hervorgebracht ist, in sich aufzunehmen…

Versuche man einmal, sich ganz objektiv, ohne Voreingenommenheit, den Unterschied zwischen diesen beiden Menschheitsströmungen klarzumachen. Man versuche sich einmal klarzumachen, wie seit dem Eintritt desjenigen Teiles der Menschheit, den man germanische Völker nennt, gerungen worden ist um ein Durchdringen des äusseren Physischen mit dem Geistigen, und wie die Tiefen des Christentums angenommen worden sind".

„Was ist denn die Geschichte Mitteleuropas als ein fortwährendes Ringen um das Aufgehen des göttlichen Funkens in der persönlichen Seele, um das Aufgehen des Geistigen im Physischen? Man kann von allem anderen absehen, aber die Wahrheit muss man durchschauen, erkennen das Charakteristische dieses mitteleuropäischen Wesens". (GA 174 b, S. 37–40, 13.2.1915)

Und noch etwas: Später wird man erfahren, „dass dieser Krieg [der Erste Weltkrieg] eine Verschwörung ist gegen deutsches Geistesleben". (GA 174b, S. 27, 30.9.14)

Und was in unseren Tagen in Mitteleuropa geschieht, ist nichts anderes als ein Versuch, das deutsche Geistesleben abermals in den Staub zu treten.

Epitaph

Das „neue Atlantis", von dem der britische Lordkanzler Bacon – ein Gelehrter und eine Säule des Materialismus – schrieb, ist also an seinem Ende angelangt

Auf den Wassern der neuen weltweiten Sintflut schwimmt die neu erschienene Arche Noah. Sie wird auf einem lebenden Meer von Leiden und Tränen, Blut und Feuer schwimmen müssen. Sie hält Kurs auf eine neblige, völlig unbestimmte Zukunft. Was bewegt ihre Passagiere innerlich? (Erinnern wir uns an die quälende Frage Winston Smiths: „Ich kann das ‚wie' verstehen, aber das ‚warum' kann ich nicht verstehen".)

Als Christian Rakowski, ein enger Kampfgenosse Lenins und Trotzkis sowie Freimaurer des 33. Grades, seinerzeit von einem „roten Inquisitor" verhört wurde, gestand er, da er sah, dass es mit der einem Bruder seines Ranges versprochenen persönlichen Sicherheit nicht weit her war, dem Ermittlungsbeamten folgendes: „Ich werde Ihnen erzählen, was das für ein grosses Geheimnis ist, das man einem Freimaurer auf einer der höchsten Stufen zu enthüllen verspricht, ihm jedoch weder auf der 25. noch auf der 33. noch auf irgendeiner anderen, noch so hohen Stufe eines jeden beliebigen Ritus offenbart… Jede freimaurerische Organisation ist bestrebt, den Triumph der kommunistischen Revolution zu erreichen… Und da die kommunistische Revolution die Liquidierung der gesamten Bourgeoisie als Klasse anstrebt, die physische Vernichtung aller bourgeoisen politischen Regierungen, ist das eigentliche Geheimnis der Freimaurerei der Selbstmord der Freimaurerei als Organisation sowie der physische Selbstmord jedes einigermassen bedeutenden Freimaurers [genau dies geschah in den Jahren 1935-1939, und verboten worden war die Freimaurerei schon von Lenin]… Wenn es Ihnen irgendeinmal beschieden sein sollte, bei irgendeiner Revolution dabei zu sein, dann versäumen Sie die Gelegenheit nicht, die Gebärden der Verwunderung und den Ausdruck der Dummheit auf dem Gesicht irgendeines Freimaurers in dem Augenblick zu beobachten, in dem er sich gewahr wird, dass er durch die Hand der Revolutionäre sterben muss…"

Dieser Art ist das „warum?" eines Teils der Passagiere auf der „Neo-Arche Noah". Doch was verleiht den „Vätern der Finsternis" ihre Inspiration? – Das Purgatorium, der Scheiterhaufen der alles reinigenden Flamme. Diesmal soll sie so gross sein wie noch nie zuvor. Die einst von der „roten Inquisition" Ausgerotteten haben heute die ganze Welt unter ihre Herrschaft gebracht. Der Sittenzerfall hat apokalyptische Ausmasse angenommen. Die Menschen haben Gut und Böse miteinander vertauscht, sie haben die Sünde zum Massstab der neuen Moral gemacht usw. Es gibt keine Untergrenze für den sittlichen Niedergang. Deshalb wird es keine „Obergrenze" von der Zahl der „Rächer" geben. Die Menschheit braucht einen solchen Denkzettel, dass sie ihn noch in hundert oder in zweihundert Jahren nicht vergessen hat. So ungefähr denken die „Väter der Finsternis".

Manchem oder sogar sehr vielen würde das vielleicht nicht gut gefallen. Dann kann ihnen die Alternative, die in Albert Pikes Prophezeiungen beschrieben ist, angeboten werden.

Natürlich hat der russische Dichter Fjodor Tjuttschew recht, wenn er sagt:
„Selig ist, wer diese Welt
in ihren schicksalhaften Minuten besuchte".
Recht hat er jedoch nur im höheren, spirituellen Sinn. In ganz anderem Sinne hat sich Wladimir Solowjew geäussert, dessen Worte für uns alle gelten, für „jene kleinen", die im „irdischen Jammertal" leben:
„In Furcht und Scheu wird sich demütig beugen,
Wer wagte, das Gebot der Liebe zu vergessen".

Was soll man also tun?

So fragt hartnäckig der unbeugsame Geist des Menschen, der nie an irgendeine Unvermeidlichkeit glaubt. Eine Antwort auf diese Frage wird der Mensch jedoch so lange nicht erhalten, als er sie ausschliesslich auf den Wegen sucht, die ihn zur Notwendigkeit geführt haben, sie unter den Bedingungen der gegenwärtigen Krise zu stellen. Die Antwort existiert nämlich, und sie existiert schon seit langem. Heute hat sich in der Welt ein paradoxer Zustand herausgebildet. Die Menschen rennen in panischer Angst umher und fragen: Wo ist der Ausgang? Wo ist der Ausgang? Und neben ihnen stehen andere Menschen und sagen ihnen: Dort ist er! Dort ist euer Ausgang! Aber sie wollen das gar nicht hören. Dafür hören sie gerne auf andere, die ihnen als Ausgang eine blinde Wand zeigen. Oder, schlimmer noch, die ihnen sagen: Der Ausweg besteht darin, eure verfluchte weisse Rasse zu vernichten! Ihretwegen ist euer Geist unmässig kompliziert geworden und bringt euch um den Verstand.

Doch was sagen Menschen, die wissen, wo sich der wirkliche Ausweg befindet? Schon im Jahre 1918, als in der Welt eine aussichtslose Lage zu entstehen begann, warnte Rudolf Steiner: „Lassen Sie drei Jahrzehnte noch so gelehrt werden, wie an unseren Hochschulen gelehrt wird, lassen Sie noch 30 Jahre so über soziale Angelegenheiten gedacht werden, wie heute gedacht wird, dann haben Sie nach diesen 30 Jahren ein verwüstetes Europa. (GA 194, S. 181, 14.12.19)

Wie wir heute wissen, wurde auch weiterhin so gelehrt und gedacht wie damals, und als Ergebnis brach noch ein Weltkrieg aus. Doch auch aus diesem zogen die Menschen nicht die richtigen Lehren. Die Menschheit versinkt noch immer tiefer

Kampf und Einheit der Gegensätze

im Morast des Materialismus. Der individuelle Geist beginnt zu erlöschen, in kleine Scherben des niedrigeren „Ich" zu zerbröckeln, das die Willkür der Instinkte, die zu bezähmen es in keiner Weise imstande ist, als Erscheinungen der Freiheit auffasst. Doch gerade das Ich, das echte Ich, ist die Kraft der Verwandlung des Fundaments der menschlichen Seele. Und man kann beliebige Ideale aufstellen, man kann „in dem Glauben reden dass mit noch so eindringlichen Forderungen etwas getan werde für die Menschenzukunft – alles wird umsonst sein, wenn die Umwandlung nicht geschieht aus dem Fundament der Menschenseele heraus: aus dem Denken der Beziehung der Welt zur geistigen Welt. Wenn da nicht umgelernt wird, wenn da nicht umgedacht wird, dann kommt die moralische Sintflut über Europa!" (Ebenda)

Diese Sintflut hat uns bereits überschwemmt, und das Wasser steht uns bald bis zum Hals. Und wie verhält sich die

Menschheit? Es ist erstaunlich, aber sie verhält sich genau wie in der Vision der Apokalypse geschildert wird: „Und sie zerbissen ihre Zungen vor Schmerzen und lästerten Gott im Himmel um ihrer Schmerzen und ihrer Schwären willen und taten nicht Busse für ihre Werke." (Offenbarung 16; 10-11.) Und was kann uns in dieser Situation in der Zukunft erwarten? Rudolf Steiner erteilt die Antwort auf diese Frage: „Wenn nur die äusseren materialistischen Impulse wirken in der Welt und in den Menschenköpfen und in den Menschenherzen… dann wird mit einer furchtbaren Sklavenkette wahrhaftig nicht nur Deutschland und die Mittelländer und Russland, sondern die ganze zivilisierte Erde wird nach und nach mit furchtbaren Sklavenketten umgürtet werden und niemals wieder froh werden. Denn durch dasjenige, was nur von altersher herauskommt, ist die Welt an einem Ende… Neues muss kommen aus der geistigen Welt". (GA 187, S. 162–163, 31.12.1918)

Und nun, buchstäblich in unseren Tagen, beobachten wir, wie diese Ketten geschmiedet werden, und zwar von Menschen, die ebenfalls niemals wieder froh werden. Doch wer ist imstande, ihnen das zu erklären? Ja, mit halben Massnahmen ist es da nicht getan. Es ist in der Tat notwendig, den menschlichen Persönlichkeitstypus zu ändern. Und deshalb braucht die Menschheit eine Revolution. Allerdings darf diese nicht politischer und erst recht nicht rassischer, sondern muss *geistiger* Art sein. Den menschlichen Persönlichkeitstypus durch die Rassenvermischung verändern zu wollen, ist die grösste Torheit von allen, die Menschen je ersonnen haben. Rudolf Steiner weist uns einen Ausweg aus der Lage, die durch diese Torheit entstanden ist; er sagt: „Die Mission des Christus besteht darin, all dieses Naturhafte zu überwinden, gegenüber dem Leben in der Rasse die Liebe zur allgemeinen Menschheit zu pflanzen… Das einzelne Volksgemässe, der Volksegoismus soll durch den Christus, durch das allgemeine Menschentum überwunden werden.

Die Erlösung besteht ja nicht darin, dass man in einer ebenso realen Weise wie das Naturhafte selber ist, gegen das Naturhafte arbeitet, sondern dass man das Naturhafte aufnimmt und einen Ausgleich zwischen dem rein Geistigen und dem Naturhaften hervorbringt. … allgemeine Menschheit, Menschenliebe, ist etwas anderes, als was aus Familien, Volkstum, Rasse, Nation usw. hervorgeht. *Aber nicht das eine soll durch das andere ausgemerzt werden, sondern harmonisiert muss werden Rasse und Individuum"* (GA 342, S. 161–162, 15. 6.1921) – das Individuum, das sich von Rasse zu Rasse und von Volk zu Volk inkarniert, in Übereinklang mit den Gesetzen und Aufgaben der allgemeinen Evolution der Menschheit, aber auch seiner persönlichen Evolution und seinem Schicksal, seinem Karma.

Die physische Vermischung der Rassen und die Abkehr vom Christentum im Namen irgendeiner religiösen Toleranz, werden den Materialismus nur noch verstärken, und die Menschen werden endlos „ihre Zungen zerbeissen vor Schmerzen". Nicht die Rassenvermischung, sondern die Reform der Erziehung und die Ausbildung im Geiste der Waldorf-Pädagogik werden Europa vor dem Untergang erretten, zu einem Wiederaufblühen der weissen Rasse führen und ihr die geistige Kraft verleihen, der restlichen Welt wiederaufblühen zu helfen. In der heutigen Lage ist der Mensch jedoch gerade darum schwach, weil der ahrimanische Charakter der Erziehung der letzten Jahrhunderte den geistigen Mut der Menschen, den sie noch nie so nötig hatten wie jetzt, mit Stumpf und Stil vernichtet hat. Ein Erziehungssystem, das auf der anthroposophischen Geisteswissenschaft aufbaut, verändert den Persönlichkeitstypus grundlegend im Sinne des Christentums der Epoche seiner *Verwirklichung.*

Die Waldorf-Pädagogik kennt keine Grenzen und weder rassische noch irgendwelche anderen Unterschiede zwischen den Menschen. Letztere sind ihr nur vom Standpunkt der persönlichen menschlichen Besonderheiten der harmonischen Entwicklung des Individuums wichtig.

Man möchte fest daran glauben, dass diese Pädagogik früher oder später auf der ganzen Welt übernommen werden wird – im Westen wie im Osten, im Süden wie im Norden.

Und irgendwann werden auch die Rassen selbst überwunden werden. Denn sie sind einst entstanden und werden mit Sicherheit vergehen. Doch wird dies nicht eher geschehen, als „wenn der Begriff der Brüderlichkeit praktisch auf der Erde verwirklicht sein wird". Dann werden auch die Rassen überwunden werden und „auch das Karma". (GA 109/111, S. 263, 12.6.1909) Die Menschheit wird dann zu einer geistigeren Form des Seins aufsteigen. Und das Fundament dafür legt die von der Anthroposophie getragene Botschaft des Heiligen Geistes, die alle Menschen in einer grossen Brüderschaft vereint.

———

Ist der heutige Europäer imstande, all dies zu begreifen? Zumindest vom Mitteleuropäer kann man sagen, dass er die Geisteswissenschaft, die Anthroposophie, begreifen wird, „wenn er dem Besten Verständnis entgegenbringt, was seine führenden Geister gewollt und in ihren Werken verkörpert haben". (Beiträge zur GA, №10, S.1)

Die Anthroposophie ist dem führenden Geist, dem Erzengel des deutschen Volkes, zutiefst verwandt. Auch die anderen Erzengel erwarten von ihren Völkern, dass sie die Anthroposophie annehmen werden.

E n d e.

Februar 2016

Wahrspruchworte

von

Rudolf Steiner

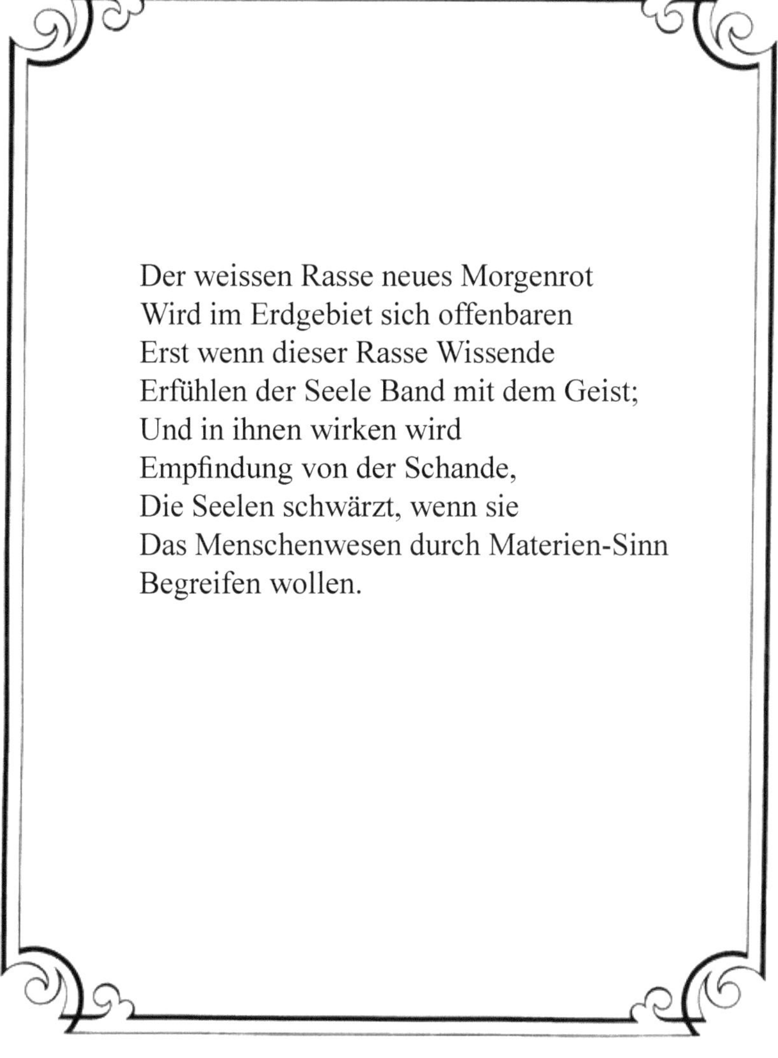

Der weissen Rasse neues Morgenrot
Wird im Erdgebiet sich offenbaren
Erst wenn dieser Rasse Wissende
Erfühlen der Seele Band mit dem Geist;
Und in ihnen wirken wird
Empfindung von der Schande,
Die Seelen schwärzt, wenn sie
Das Menschenwesen durch Materien-Sinn
Begreifen wollen.

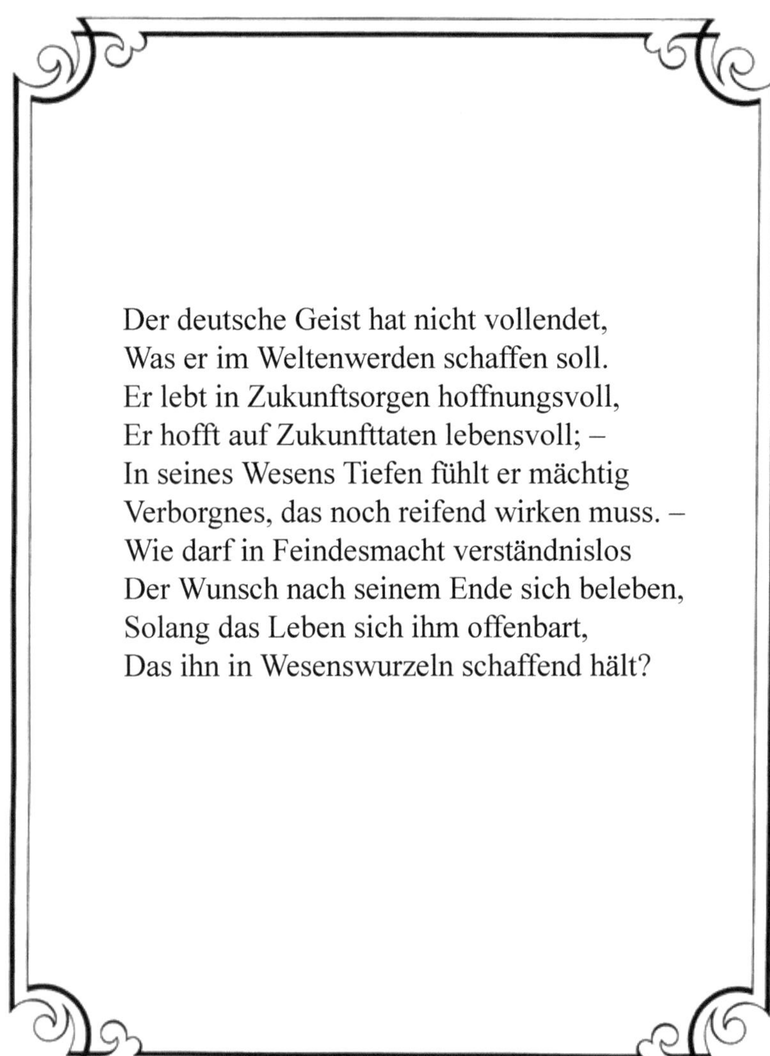

Der deutsche Geist hat nicht vollendet,
Was er im Weltenwerden schaffen soll.
Er lebt in Zukunftsorgen hoffnungsvoll,
Er hofft auf Zukunfttaten lebensvoll; –
In seines Wesens Tiefen fühlt er mächtig
Verborgnes, das noch reifend wirken muss. –
Wie darf in Feindesmacht verständnislos
Der Wunsch nach seinem Ende sich beleben,
Solang das Leben sich ihm offenbart,
Das ihn in Wesenswurzeln schaffend hält?